▶ Vorwort

Dieses Skript dient der Einführung in die Grundlagen der Vermögens- und Eigentumsdelikte. Es soll so insbesondere dem Anfänger einen ersten Einstieg in diese schwierige Materie ermöglichen. Auf diese Weise wird die (zwingend notwendige) anschließende Lektüre eines Lehrbuchs zu diesem Thema erleichtert; gerade ein Anfänger kann sonst schnell den Überblick über das Wesentliche verlieren.

Daneben eignet sich das Skript aber auch für den Fortgeschrittenen, etwa um die wichtigsten Probleme kurz vor einer Klausur noch einmal zu wiederholen.

Für die fallorientierte Wiederholung sei auf die ebenfalls bei *niederle media* erschienenen Fallsammlungen *„Standardfälle Strafrecht"* verwiesen, die es für Anfänger und für Fortgeschrittene gibt. Generell zur Falllösungstechnik siehe auch *Klaas/Scheinfeld*, Jura 2010, 542.

Für eine kritische Durchsicht und hilfreiche Anmerkungen danke ich ganz herzlich stud. jur. *Clemens Böhm.*

Kritik und Anregungen sind willkommen und werden an die E-Mail-Adresse des Verlags (info@niederle-media.de) oder des Autors (alexander.thiele@jura.uni-goettingen.de) erbeten.

Göttingen, im April 2016

Alexander Thiele

▶ Inhalt

▶ Strafrecht BT 1 – Vermögensdelikte –

Priv.-Doz. Dr. Alexander Thiele

Strafrecht BT 1
– Vermögensdelikte –

9. Auflage 2016

ISBN 978-3-86724-048-2

9. Auflage 2016

© 2016 niederle media

Bezug möglich direkt vom Verlag
niederle media
48341 Altenberge
Fax (02505) 93 98 99
E-Mail: info@niederle-media.de
www.niederle-media.de

▶ Unsere 📖 Skripten 📇 Karteikarten 🎧 Hörbücher (CD & MP3)

Zivilrecht
- 📖 Standardfälle für Anfänger (7,90 €)
- 📖 🎧 Standardfälle BGB AT (7,90 €)
- 📖 🎧 Standardfälle Schuldrecht (7,90 €)
- 📖 🎧 Standardfälle Ges. Schuldverh., §§ 677, 812,823
- 📖 🎧 Standardfälle Sachenrecht (9,90 €)
- 📖 🎧 Standardfälle Familien- und Erbrecht (9,90 €)
- 📖 Klausuren Übung für Fortgeschrittene (7,90 €)
- 📖 🎧 Basiswissen BGB (AT) (Frage-Antwort)
- 📖 🎧 Basiswissen SchuldR (AT) 📖 🎧 SchuldR (BT) (7 €)
- 📖 🎧 Basiswissen Sachenrecht, 📖 🎧 FamR, 📖 🎧 ErbR
- 📖 Einführung in das Bürgerliche Recht (7,90 €)
- 📖 Studienbuch BGB (AT) (12 €)
- 📖 Studienbuch Schuldrecht (AT) (12 €)
- 📖 Schuldrecht (BT) 1 - §§ 437, 536, 634, 670 ff. (9,90 €)
- 📖 Schuldrecht (BT) 2 - §§ 812, 823, 765 ff. (9,90 €)
- 📖 SachenR 1 – Bewegl. S., 📖 SachenR 2 – Unb. S. (9,9 €)
- 📖 Familienrecht und 📖 Erbrecht (Einführungen) (9,90 €)
- 📖 Streitfragen Schuldrecht (7,90 €)
- 📖 🎧 Definitionen für die Zivilrechtsklausur (9,90 €)

Strafrecht
- 📖 🎧 Standardfälle für Anfänger Band 1 (9,90 €)
- 📖 Standardfälle für Anfänger Band 2 (7,90 €)
- 📖 Standardfälle für Fortgeschrittene (12 €)
- 📖 🎧 Basiswissen Strafrecht (AT) (Frage-Antwort)
- 📖 🎧 Basiswissen Strafrecht BT 1 und 📖 🎧 BT 2 (7 €)
- 📖 Strafrecht (AT) (7,90 €)
- 📖 Strafrecht (BT) 1 – Vermögensdelikte (9,90 €)
- 📖 Strafrecht (BT) 2 – Nichtvermögensdelikte (9,90 €)
- 📖 🎧 Definitionen für die Strafrechtsklausur (7,90 €)

Irrtümer und Änderungen vorbehalten!

Öffentliches Recht
- 📖 Standardfälle Staatsrecht I – StaatsorgaR (9,90 €)
- 📖 Standardfälle Staatsrecht II – Grundrechte (9,90 €)
- 📖 🎧 Standardfälle f. Anfänger (StaatsorgaR u. GRe) (7,9 €)
- 📖 Standardfälle Verwaltungsrecht (AT) (9,90 €)
- 📖 Standardfälle Polizei- und Ordnungsrecht (9,90 €)
- 📖 Standardfälle Baurecht (9,90 €)
- 📖 Standardfälle Europarecht (9,90 €)
- 📖 Standardfälle Kommunalrecht (9,90 €)
- 📖 🎧 Basiswissen StaatsR I –StaatsorgaR (Fr-Antw.) (7 €)
- 📖 🎧 Basiswissen StaatsR II –GrundR (Frage-Antw.) (7 €)
- 📖 Basiswissen VerwaltungsR AT– (Frage-Antwort) (7 €)
- 📖 Studienbuch Staatsorganisationsrecht (9,90 €)
- 📖 Studienbuch Grundrecht (9,90 €)
- 📖 Studienbuch Verwaltungsrecht AT (12 €)
- 📖 Studienbuch Europarecht (12,90 €)
- 🎧 Basiswissen Europarecht
- 📖 Staatshaftungsrecht (9,90 €)
- 📖 VerwaltungsR AT 1 – VwVfG u. 📖 AT 2–VwGO (7,90 €)
- 📖 VerwaltungsR BT 1 – POR (9,90 €)
- 📖 VerwaltungsR BT 2 – BauR 📖 BT 3 – UmweltR (9,90 €)
- 📖 🎧 Definitionen Öffentliches Recht (9,90 €)

Steuerrecht
- 📖 Abgabenordnung (AO) (9,90 €)
- 📖 Erbschaftsteuerrecht (9,90 €)
- 📖 Steuerstrafrecht/Verfahren/Steuerhaftung (7,90 €)

Sozialrecht
- 📖 Kinder- und Jugendhilferecht (7,90 €)
- 📖 Sozialrecht und 📖Standardfälle Sozialrecht (9,90 €)

Nebengebiete
- 📖 🎧 Standardfälle Handels- & GesR (9,90 €)
- 📖 🎧 Standardfälle Arbeitsrecht (9,90 €)
- 📖 Standardfälle ZPO (9,90 €)
- 📖 🎧 Basiswissen HandelsR (Frage-Antwort) (7,9 €)
- 📖 🎧 Basiswissen Gesellschaftsrecht (7,90 €)
- 📖 🎧 Basiswissen ZPO (Frage-Antwort) (7,90 €)
- 📖 🎧 Basiswissen StPO (Frage-Antwort) (7,90 €)
- 📖 Handelsrecht (9,90 €)
- 📖 Gesellschaftsrecht (9,90 €)
- 📖 Arbeitsrecht (9,90 €)
- 📖 Kollektives Arbeitsrecht (9,90 €)
- 📖 ZPO I – Erkenntnisverfahren (9,90 €)
- 📖 ZPO II – Zwangsvollstreckung (9,90 €)
- 📖 Strafprozessordnung – StPO (9,90 €)
- 📖 Einf. Internationales Privatrecht - IPR (9,90 €)
- 📖 Standardfälle IPR (9,90 €)
- 📖 Insolvenzrecht (9,90 €)
- 📖 Gewerbl. Rechtsschutz/Urheberrecht (9,90 €)
- 📖 Wettbewerbsrecht (9,90 €)
- 📖 Ratgeber 500 Spezial-Tipps für Juristen (12 €)
- 📖 Mediation (7,90 €)
- 📖 Sportrecht (9,90 €)

Karteikarten (je 9,90 €)
- 📇 Zivilrecht: BGB AT/SchuldR/Grundlagen/Schemata
- 📇 Strafrecht: AT/BT-1/BT-2/Streitfragen
- 📇 Öff. R.: StaatsorgaR/GrundR/VerwR/Schemata

Assessorexamen
- 📖 Der Aktenvortrag im Strafrecht (7,90 €)
- 📖 Der Aktenvortrag im Zivilrecht (7,90 €)
- 📖 Der Aktenvortrag im Öffentlichen Recht (7,90 €)
- 📖 Staatsanwaltl. Sitzungsdienst & Plädoyer (9,90 €)
- 📖 Die strafrechtliche Assessorklausur (7,90 €)
- 📖 Die Assessorklausur VerwR Bd. 1 (7,90 €)
- 📖 Die Assessorklausur VerwR Bd. 2 (7,90 €)
- 📖 Vertragsgestaltung in der Anwaltsstation (7 €)

Irrtümer und Änderungen vorbehalten!

BWL
- 📖 Einführung i. die Betriebswirtschaftslehre (7,90 €)
- 📖 Marketing (7 €)
- 📖 Organisationsgestaltung & -entwickl. (7,90 €)
- 📖 Fallstudien Organisationsgestaltung & -entwickl.
- 📖 Internationales Management (7 €)
- 📖 Wie gelingt meine wiss. Abschlussarbeit? (7 €)

Irrtümer und Änderungen vorbehalten!

Schemata
- 📖 Die wichtigsten Schemata-ZivR,StrafR,ÖR (14,90)
- 📖 Die wichtigsten Schemata–Nebengebiete (9,90 €)

🎧 bedeutet: auch als **Hörbuch** (CD oder MP3-Download) lieferbar!

Bei **niederle-media.de** bestellte Artikel treffen idR *nach 1-2 Werktagen* ein!

Lektion 1: Der Diebstahl, § 242

A. Einordnung

§ 242[1] bildet wohl die bedeutendste Strafnorm zum Schutze des Eigentums. Geschützt ist dabei nach h.M. aber auch der **Gewahrsam** als solcher. Somit kann auch der Dieb (der zwar wegen § 935 BGB grundsätzlich nicht das Eigentum, jedoch den Gewahrsam an der gestohlenen Sache erwerben kann) Opfer eines erneuten Diebstahls werden.

B. Objektiver Tatbestand

Der objektive Tatbestand des § 242 I verlangt die **Wegnahme** einer **fremden beweglichen Sache**.

B. Objektiver Tatbestand

   I. Bewegliche Sache
   II. Fremd
   III. Wegnahme

I. Bewegliche Sache

1. Sache

Unter „Sachen" versteht man – wie auch in § 90 BGB – **alle körperlichen Gegenstände**. Dabei ist es unerheblich, welchen Aggregatzustand diese Gegenstände haben. Auch der wirtschaftliche Wert des Gegenstands spielt generell keine Rolle.

---

[1] §§ ohne Gesetzesangabe sind solche des StGB.

Beispiel 1: Gas, Dampf, Flüssigkeit. Keine Sache ist jedoch elektrische Energie. Um Strafbarkeitslücken zu vermeiden wurde daher § 248c geschaffen, da eine Analogie im Strafrecht zu Lasten des Täters ausgeschlossen ist.

Auch Tiere[2] (dazu *Graul*, JuS 2000, 215 ff.) und Körperteile sind Sachen iSd § 242. Letztere werden mit der Trennung vom Körper „Sachen" im Sinne des StGB. Gleiches gilt z.B. für Herzschrittmacher (*Otto*, Jura 1989, 137 ff.). Computerprogramme sind hingegen keine Sachen, anders die Programmträger (also etwa USB-Stick oder Disketten).

2. Beweglich

Beweglich ist jede Sache, die *tatsächlich fortbewegt* werden kann.

Dabei ist es ausreichend, wenn die Sache erst durch die Tat selbst beweglich gemacht wird.

Beispiel 2: Entfernen eines festinstallierten Heizkörpers, Herausreißen eines vergoldeten Türschildes etc.

Hinweis: In einer Klausur werden die Merkmale „Sache" und „beweglich" regelmäßig keine Probleme bereiten. In einem solchen Fall genügt es, wenn Sie das Vorliegen einer beweglichen Sache nur kurz feststellen und sich sofort auf die Frage der „Fremdheit" (siehe sogleich) konzentrieren. Sie können die Prüfung dann etwa folgendermaßen beginnen: „Die Tasche, eine bewegliche Sache, müsste für den Täter auch fremd gewesen sein." Denken Sie daran, bei Klausuren die richtigen Schwerpunkte zu setzen. Fallbeispiel bei *Chowdury/Meier/Schröder*, Standardfälle Strafrecht für Fortgeschrittene, Fall 3, wo diese Merkmale ebenfalls (zu Recht) sehr knapp geprüft werden.

---

[2] Der strafrechtliche Sachenbegriff ist eigenständig zu bestimmen, die Einführung des § 90a BGB hat insofern nichts geändert.

II. Fremd

Die bewegliche Sache muss ferner für den Täter **fremd** sein.

> **Fremd** ist die Sache dann, wenn sie *nicht im Alleineigentum* des Täters steht und *nicht herrenlos* ist.

Die Fremdheit richtet sich nach den **zivilrechtlichen Regelungen**. Auch im Rahmen einer Strafrechtsklausur muss also unter Umständen genau untersucht werden, wie die zivilrechtliche Eigentumslage aussieht. Zu denken ist insoweit vor allem an die §§ 929 ff. BGB, und die damit zusammenhängenden Fragen des Eigentumsvorbehalts, des gutgläubigen Erwerbs oder an Vorgänge wie Verarbeitung und Vermischung (§§ 946 ff. BGB) und an § 960 BGB. Gerade im Bereich der Vermögensdelikte sind gute Kenntnisse des Zivilrechts unerlässlich.

Beispiel 3: Wilderer W wildert im Jagdrevier des J einen Hasen. Ist der Hase eine fremde bewegliche Sache, so dass § 242 verwirklicht ist?

Lösung: Der Hase ist zwar eine bewegliche Sache. Diese ist aber gemäß § 960 I 1 BGB *herrenlos*. Damit scheidet eine Strafbarkeit wegen Diebstahls aus, möglich bleibt jedoch Jagdwilderei, § 292.

Beispiel 4: Raser R betankt an der Selbstbedienungstankstelle seinen Golf VR 6. Dann entschließt er sich, dem Tankstellenbetreiber T das Benzin nicht zu bezahlen und fährt einfach davon. War das Benzin für R zum Zeitpunkt des Wegfahrens eine „fremde" Sache?

Lösung: Als R wegfuhr, könnte er bereits Alleineigentümer des Benzins gewesen sein mit der Konsequenz, dass dieses für ihn nicht mehr „fremd" war. Fraglich ist, ob R Alleineigentum erworben hat:

1) R könnte Eigentum durch das Einfüllen in den Tank erworben haben, was zu einer Vermischung des darin befindlichen, ihm gehörenden „alten" Restbenzins mit dem „neuen" Benzin führte. Jedoch ist R gemäß §§ 947, 948 BGB (lesen!) bei lebensnaher Auslegung des Sachverhalts allenfalls *Miteigentümer* des Tankinhalts geworden. Neben ihm war der T, dem ja das „neue" Benzin gehört hatte, Miteigentümer.

Das Vermischen hat den R also nicht zum Alleineigentümer gemacht, so dass das Benzin für ihn „fremd" war.

2) R könnte das Alleineigentum gemäß § 929 Satz 1 BGB erworben haben. Dann müsste er sich mit T über den Übergang des Eigentums geeinigt haben. Eine derartige Einigung über den Eigentumsübergang findet jedoch regelmäßig wohl erst beim Bezahlen an der Kasse statt. Denn T wird zur Eigentumsübertragung am Benzin regelmäßig erst bereit sein, nachdem er von seinem Kunden das Geld dafür erhalten hat. Die Gegenansicht, die davon ausgeht, dass der Tankstellenbetreiber mit dem Bereitstellen der Zapfsäule ein Angebot auf Eigentumsübertragung abgebe, das der Kunde durch Betanken seines Wagens konkludent annehme, erscheint nicht überzeugend. R hat das Eigentum auch nicht gemäß § 929 Satz 1 BGB erworben. Also war das Benzin für ihn zum Zeitpunkt des Wegfahrens „fremd".

III. Wegnahme

In der Klausur regelmäßig problematisch ist das objektive Tatbestandsmerkmal der **Wegnahme**. Hier sind vertiefte Kenntnisse dringend geboten.

> Unter **Wegnahme** versteht man den Bruch fremden und die Begründung neuen, nicht notwendig tätereigenen Gewahrsams.

Im Rahmen einer Klausurbearbeitung sollte an dieser Stelle in drei Schritten vorgegangen werden:

III. Wegnahme

1. **Vorliegen fremden Gewahrsams**
2. **Begründung neuen Gewahrsams**
3. **Bruch des fremden Gewahrsams**

1. Vorliegen fremden Gewahrsams

Die Sache muss sich zunächst zum Zeitpunkt der Tathandlung (also unmittelbar vor dem Ansetzen zur Wegnahme) in **fremdem Gewahrsam** befinden. Sollte die Sache dagegen gewahrsamslos sein, scheidet jedenfalls ein Diebstahl aus (zu denken ist aber an Unterschlagung nach § 246).

> Unter **Gewahrsam** versteht man die *tatsächliche Sachherrschaft* eines Menschen über eine Sache, die von einem natürlichen *Herrschaftswillen* getragen wird.

Der Begriff besteht somit aus zwei Elementen, nämlich der **Sachherrschaft** und dem **Herrschaftswillen**. Wichtig (auch für die eigene Klausurargumentation) ist, dass die **Verkehrsauffassung** dabei eine große Rolle spielt.

Merkformel

> Gewahrsam = Sachherrschaft + Herrschaftswille + Verkehrsanschauung

Eine solche tatsächliche Sachherrschaft liegt jedenfalls dann vor, wenn der Betreffende jederzeit auf die Sache ohne Hindernisse zugreifen kann (Klassisch: die Geldbörse in der Hosentasche). Unschädlich ist aber eine gewisse räumliche Distanz zu der Sache oder auch Schlaf bzw. Bewusstlosigkeit.

Beispiel 5: Student S behält Gewahrsam an seinem Fahrrad, wenn er es vor der Uni abstellt. Gleiches gilt für den Bauern B, der seinen Pflug auf dem Feld stehen lässt oder den Rentner R, der sich zwar auf einer Reise befindet, aber trotzdem Sachherrschaft an seiner Wohnung hat.

Somit ist also auch nicht erforderlich, dass der Gewahrsamsinhaber ständig an die betreffende Sache denkt. Ausreichend ist vielmehr auch ein sogenannter **genereller Gewahrsamswille**. So wird der Inhalt eines

Briefkastens regelmäßig dem Berechtigten als Gewahrsam zugeordnet, auch wenn er von der Existenz eines Briefes noch gar nichts weiß. Es wird also davon ausgegangen, dass der Betreffende an eingeworfenen Gegenständen grundsätzlich Gewahrsam begründen will. Andere Fälle, in denen Gewahrsam mit dieser Begründung angenommen wird ist z.b. das Kleingeld in einem Warenautomaten oder die frühmorgens vor einem Kiosk abgelegte Zeitschriftenlieferung.

Besonders klausurrelevant sind diejenigen Fälle, in denen eine Sache in der **generellen Gewahrsamssphäre** eines anderen **verloren** wird.

Beispiel 6: Pechvogel P verliert einen 100-Euro-Schein im Supermarkt. Glückspilz G findet den Schein und steckt ihn ein. Hat G den Schein weggenommen?

Lösung: Man könnte zunächst daran denken, dass P mit dem Verlust des Scheins seinen Gewahrsam verloren hat. Dann war der Schein (als G ihn fand) möglicherweise gewahrsamslos. Dies wäre jedenfalls dann denkbar, wenn der P den Laden bereits wieder verlassen und den Verlust nicht rechtzeitig bemerkt hat. Allerdings geht man hier davon aus, dass der Gewahrsam an dem Schein auf den Inhaber des Supermarktes (bzw. dessen Leiter) übergegangen ist, da dieser den *generellen Willen* habe, in seiner Gewahrsamssphäre an verlorenen Sachen Gewahrsam zu begründen. Insoweit hat G, da er den fremden Gewahrsam des Supermarktinhabers bzw. Leiters gebrochen und (spätestens mit Verlassen des Ladens, s.u.) neuen begründet hat, eine Wegnahme begangen. Das Gleiche gilt für verlorene Sachen in Kinos, Zügen, Schulen, Museen etc. Hier ist der Kinobesitzer, Zugführer, Schul- oder Museumsleiter der Gewahrsamsinhaber aufgrund eines generell bestehenden Gewahrsamswillens und der bestehenden Verkehrsanschauung.

Interessant sind auch die Fälle, in denen *mehrere* Personen Gewahrsam an derselben Sache haben. Zu unterscheiden ist in diesen Fällen **zwischen gleichberechtigtem Mitgewahrsam** und **über- bzw. untergeordnetem Mitgewahrsam.**

Für eine Wegnahme ist dabei erforderlich, dass entweder *gleich*berechtigter oder *über*geordneter Mitgewahrsam gebrochen wird. Der Bruch *unter*geordneten Mitgewahrsams genügt hingegen nicht.

Beispiel 7: Ein *Angestellter* in einem *Kaufhaus* bricht in der Regel *über*geordneten *Mitgewahrsam* des Kaufhausleiters, wenn er eine Sache einsteckt. In einem kleinen Laden, in dem der Ladeninhaber mitarbeitet, wird hingegen eher von *Alleingewahrsam* des Inhabers auszugehen sein.

Beispiel 8: Bei *LKW-Fahrern*, die mit dem Ladegut „verschwinden", hängt die Frage, ob Allein- oder nur Mitgewahrsam bestand, davon ab, inwieweit während der Fahrt eine *Kontroll- und Einwirkungsmöglichkeit* des „Chefs" bestand. Bei Fernfahrten wird mangels Kontrollmöglichkeit eher von Alleingewahrsam des Fahrers auszugehen sein, anders aber bei reinen „Citytouren".

Beispiel 9: Bei einem *Kassierer* eines Kaufhauses wird man bei Alleinverantwortlichkeit für die Kasse ebenfalls *Alleingewahrsam* am Kasseninhalt annehmen können.

Beispiel 10: Bezüglich des Inhalts eines Wandtresors, z.B. in einer Bank, wird bei *einem* Schlüsselinhaber *Allein-* und bei *mehreren* Schlüsselinhabern gleichberechtigter *Mitgewahrsam* gegeben sein.

Beispiel 11: Unter Eheleuten gilt grundsätzlich, dass diese regelmäßig gleichberechtigten *Mitgewahrsam* an den Haushaltsgegenständen haben.

Hinweis: In einer Klausur ist nicht das Ergebnis, sondern vor allem die eigene Argumentation entscheidend. Hierbei sollte man stets die speziellen Umstände des Einzelfalls sowie den Begriff „Verkehrsauffassung" mit einbeziehen. Insbesondere die Verkehrsauffassung entscheidet häufig darüber, ob Allein-, Mit- oder gar kein Gewahrsam besteht.

Bei Gegenständen, die außerhalb des *eigenen* Herrschaftsbereiches verloren werden, endet grds. der eigene Gewahrsam. Zu bedenken ist jedoch, dass die Sache unter Umständen aufgrund des generellen Gewahrsamswillens einer anderen Person nicht gewahrsamslos wird (siehe Beispiel 6).

14

Anders ist die Rechtslage dagegen bei lediglich **vergessenen Sachen**. Hier wird man davon ausgehen können, dass der Gewahrsam solange bestehen bleibt, wie die betreffende Person noch weiß, wo sich die Sache befindet.

Beispiel 12: P vergisst seine Geldbörse bei G. Schon auf dem Heimweg fällt ihm dies auf und er kehrt gleich wieder um. In der Zwischenzeit hat G das Geld bemerkt und steckt es in seine Tasche. Wegnahme?

Lösung: Es stellt sich die Frage, ob P seinen Gewahrsam zum Zeitpunkt des Geldeinsteckens durch G bereits verloren hatte. Dann hätte G keinen fremden Gewahrsam gebrochen und folglich keine Wegnahme begangen. Hier hatte P jedoch das Geld lediglich vergessen und nicht verloren. Er wusste zu jedem Zeitpunkt, wo sich das Geld befand und kehrte auch gleich um, um es wiederzuerlangen. Man wird daher mit der Verkehrsanschauung davon ausgehen, dass P seinen Gewahrsam noch nicht verloren hatte. Es lag gleichberechtigter *Mitgewahrsam* mit G vor. Diesen hat G durch das Einstecken gebrochen. Dies ist für eine Wegnahme ausreichend (s.o.). Es liegt somit eine Wegnahme durch G vor. Verneint man dies, käme lediglich eine Unterschlagung (§ 246) des G in Betracht.

Beispiel 13: P hat seine Geldbörse verloren, weiß aber nicht wo. G findet sie und steckt sie ein. - Mangels Gewahrsams des P kommt bei der Strafbarkeit des G nur eine Unterschlagung (§ 246) in Betracht.

Hinweis: Regelmäßig wird derjenige, der zivilrechtlich als Besitzer angesehen wird, auch strafrechtlich Gewahrsamsinhaber sein. Anders ist dies aber in jedem Falle dort, wo der zivilrechtliche Besitz auf einer reinen Fiktion beruht. Klassisches Beispiel ist etwa der Erbenbesitz nach § 857 BGB. Da dieser keinerlei Herrschaftsbeziehung voraussetzt, begründet er keinen Gewahrsam an der jeweiligen Sache. Fallbeispiel bei *Chowdury/Meier/Schröder*, Standardfälle Strafrecht für Fortgeschrittene, Fall 3.

2. Begründung neuen Gewahrsams

Weitere Voraussetzung der Wegnahme ist die Begründung neuen (nicht notwendig tätereigenen) Gewahrsams. Auch bei der Beantwortung dieser Frage sind die Anschauung des täglichen Lebens und die Umstände des Einzelfalls maßgebend.

Von der Begründung **neuen Gewahrsams** kann erst gesprochen werden, wenn der Täter die Sache derart erlangt hat, dass er die Herrschaft über die Sache unabhängig vom alten Gewahrsamsinhaber ausüben kann.

Besonders problematisch sind dabei die Fälle, in denen sich der Täter noch im Herrschaftsbereich des bisherigen Gewahrsamsinhabers befindet. Hier stellt sich die Frage, ob der Täter bereits *vor* Verlassen des Herrschaftsbereichs eine vollendete Wegnahme begangen hat oder nicht. Von der Beantwortung dieser Frage hängt es ab, ob der Täter wegen eines *vollendeten* oder lediglich wegen eines *versuchten* Diebstahls (§§ 242, 22) zu bestrafen ist.

Von Bedeutung ist dieses Problem auch für die Frage eines möglichen Rücktritts nach § 24 StGB. Dieser ist ja nur bei einem versuchten Delikt möglich.

Man nimmt hierbei an, dass der Täter bei **leicht beweglichen, kleineren Sachen** bereits dann neuen Gewahrsam begründet, wenn er diese so ergreift, dass er sie in seine höchstpersönliche Sphäre („soziale Tabuzone") einbringt.

Beispiel 14: T steckt im Media-Markt eine CD in die Hosentasche und eine weitere in seine mitgeführte Sporttasche. Dann will er den Laden verlassen. Kurz vor der Kasse stellt ihn der Detektiv James B. Liegt eine Wegnahme vor?

Lösung: Hier hat T durch Einstecken in die Hosen- und Sporttasche bereits neuen Gewahrsam begründet, obwohl er sich noch im Herrschaftsbereich des Media-Marktes befand. Denn den Körper umgibt eine „soziale Tabuzone", sog. *Gewahrsamsenklave*. Sachen in Kleidung oder Taschen werden daher dem Träger der Kleidung bzw. der Tasche zugeordnet. Eine Wegnahme durch T ist also gegeben.

Ausreichend kann es aber auch sein, dass der Täter die Sache lediglich derart fest ergriffen hat, dass man davon ausgehen muss, dass allein durch die Nähe zum eigenen

Körper eine **Gewahrsamsenklave** durch den Täter begründet wird.

Beispiel 15: Festes Umfassen der Ohrringe oder eines USB-Sticks in einem Selbstbedienungsladen.

Begründet wird diese Auffassung mit der Tatsache, dass der direkte Körperbereich des Täters für den alten Gewahrsamsinhaber eine Art *Tabubereich* darstellt, die er nicht ohne größeren Aufwand und auch Risiko überwinden kann. Dies rechtfertigt es, bei kleineren Gegenständen auch im Machtbereich des ursprünglichen Gewahrsamsinhabers bereits neuen Gewahrsam des Täters anzunehmen.

Anders liegt der Sachverhalt dagegen bei **größeren, schwer transportablen Sachen.** Hier wird man davon ausgehen müssen, dass neuer Gewahrsam erst dann begründet wird, wenn der Gegenstand aus dem Machtbereich des bisherigen Gewahrsamsinhabers entfernt worden ist.

Beispiel 16: Dieb D erlangt den Gewahrsam an einem 3 X 4 Meter großen Teppich oder einem 300 Kilo schweren Tresor frühestens, nachdem er ihn aus der Wohnung des (bestohlenen) Gewahrsamsinhabers herausgeschafft hat.

Bis zur vollständigen Entfernung aus dem Machtbereich liegt somit lediglich eine **Gewahrsamslockerung** vor, die für die Annahme einer vollendeten Wegnahme nicht ausreicht. Gleiches gilt auch für die Fälle, in denen eine Sache offen an der Kasse vorbeigeschoben wird. Zu denken ist aber stets an die Versuchsstrafbarkeit.

Beispiel 17: T hat mehrere CDs in seinem Einkaufswagen. Diesen schiebt er offen an der Kasse vorbei, ohne dass die Kassiererin, die gerade ein Kundengespräch führt, etwas bemerkt. Liegt eine Wegnahme vor?

Lösung: Hier sind die CDs durch das Legen in den Einkaufswagen noch nicht so in die persönliche Sphäre des T gelangt, dass man von der Begründung neuen Gewahrsams sprechen könnte. Es liegt hier lediglich eine *Gewahrsamslockerung* vor. Neuer Gewahrsam entsteht hier erst dann, wenn T den Machtbereich des Ladeninhabers gänzlich verlassen hat, also spätestens mit Verlassen des Grundstücks, je nach Einzelfall auch schon mit dem Passieren der Kasse.

Hinweis: Bei oben genannten Beispielen ist in der Klausur regelmäßig eigene Argumentation gefragt, wobei die *Verkehrsanschauung* immer wieder heranzuziehen ist. Die Begriffe der *Gewahrsamslockerung, Gewahrsamsenklave* und der *persönlichen Sphäre* sollten nach Möglichkeit genannt werden.

Kennen sollte man auch die Fälle, in denen der Täter die fremde Sache im Machtbereich des Gewahrsamsinhabers zunächst lediglich *versteckt.* Auch hier wird man regelmäßig lediglich von **Gewahrsamslockerungen** ausgehen müssen, wobei im Einzelfall andere Ergebnisse jedoch vertretbar sind. So spricht einiges dafür, bereits neuen Gewahrsam anzunehmen, wenn der Täter jederzeit freien und ungehinderten Zugang zu dem Versteck hat, also auf den alten Gewahrsamsinhaber nicht angewiesen ist.

3. Bruch fremden Gewahrsams

Die Wegnahme setzt ferner voraus, dass der alte Gewahrsam gebrochen wird. Daran fehlt es regelmäßig, wenn der Gewahrsamswechsel *willentlich* erfolgt.

Ein **Bruch fremden Gewahrsams** liegt nur dann vor, wenn der Gewahrsamswechsel *ohne* oder *gegen* den Willen des Berechtigten stattfindet.

Ein Einverständnis des Gewahrsamsinhabers wirkt somit tatbestandsausschließend, sogenanntes **tatbestandausschließendes Einverständnis.** Grds. unerheblich ist dabei, ob das Einverständnis durch Täuschung erlangt worden ist, entscheidend ist also allein der tatsächlich geäußerte Wille (Fallbeispiel auch bei *Kleinbauer/Schrö-*

der/Voigt, Standardfälle Strafrecht für Anfänger, Fall 4, siehe auch *Rönnau*, JuS 2007, 18 ff.). In solchen Fällen ist jedoch an Betrug (§ 263, s.u.) zu denken.

Beispiel 18: T wirft in einen Automaten Falschgeld ein und erlangt auf diese Weise eine Tafel Schokolade. Diebstahl?

Lösung: Bei einem Warenautomaten hat der Automateninhaber regelmäßig ein tatbestandsausschließendes Einverständnis erteilt. Der Automateninhaber erteilt ein solches Einverständnis jedoch nur unter der Bedingung, dass der Automat *ordnungsgemäß* betätigt wird. T hat Falschgeld verwendet und diese Bedingung also nicht erfüllt. Mangels tatbestandsausschließendem Einverständnis ist nicht der subsidiäre § 265a, sondern ein Diebstahl gegeben (siehe auch *Neumann*, JuS 1990, 538 sowie *Kudlich*, JuS 2001, 20; zur Täuschung einer Selbstbedienungskasse mit falschem Strichcode: OLG Hamm 5 RVs 56/13).

Beispiel 19: Hat R im Tankstellenfall (Beispiel 4, Seite 9) das Benzin des Tankstellenbetreibers T weggenommen?

Lösung: Ein Tankstellenbetreiber ist zwar regelmäßig nicht damit einverstanden, dass der Kunde mit dem Einfüllen des Benzins das *Eigentum* daran erwirbt. Jedoch ist er bei ordnungsgemäßem Zapfvorgang regelmäßig damit einverstanden, dass der *Gewahrsam* auf den Kunden übergeht. Daher liegt ein tatbestandsausschließendes Einverständnis des T vor. Eine Wegnahme des R scheidet aus. Gegeben ist damit nicht § 242, sondern allenfalls § 246.

Beispiel 20: T bezahlt an der Kasse des Baumarkts einen Winkelschleifer. Er hat jedoch schon vorher im Karton des Geräts einige Trennscheiben versteckt. Die Kassiererin kann diese nicht sehen und berechnet daher nur den Winkelschleifer. Liegt eine Wegnahme der Trennscheiben vor?

Lösung: Es könnte ein tatbestandsausschließendes Einverständnis der Kassiererin hinsichtlich der Trennscheiben gegeben sein. Umstritten ist, ob eine Kassiererin auch bezüglich solcher Gegenstände ein Einverständnis erteilen will, die sie gar nicht wahrnehmen kann:

1) Die h.M. verneint dies und nimmt daher in diesen Fällen eine Wegnahme und damit einen Diebstahl an.

2) Die Gegenauffassung, die ein tatbestandsausschließendes Einverständnis der Kassiererin bejaht, kommt stattdessen zu dem Ergebnis, dass mangels Wegnahme kein Diebstahl, sondern ein Betrug (§ 263) vorliegt. In einer Klausur sind beide Ansichten vertretbar. Entscheidend ist, dass die Frage aufgeworfen wird, ob die Kassiererin auch über den versteckten Gegenstand verfügen will (dann § 263) oder nicht (dann § 242).

Klausurrelevant sind auch die Fälle, in denen der Kaufhausdieb bei seiner Tat vom Kaufhausdetektiv *beobachtet* wird. Fraglich ist in diesen Fällen, ob eine Beobachtung dem „Bruch" entgegensteht. Ein Beobachten der Wegnahme beinhaltet jedoch kein konkludentes Einverständnis in die Wegnahme. Dies gilt auch dann nicht, wenn der Dieb gleich anschließend gestellt wird. Durch die Festnahme erhält das Kaufhaus nämlich lediglich die Möglichkeit, den *bereits entzogenen* Gewahrsam wiederzuerlangen. Es liegt in diesen Fällen also nicht anders als in den bisher besprochenen: es ist eine vollendete Wegnahme und ein vollendeter Diebstahl gegeben.

Merksatz

Diebstahl ist keine heimliche Tat.

Anders sind die Fälle zu beurteilen, die unter dem Stichwort der *Diebesfalle* diskutiert werden. In diesen Konstellationen wird einem potentiellen Dieb die Wegnahme geradezu schmackhaft gemacht, um ihn zu überführen. Der Gewahrsamsinhaber ist also mit der „Wegnahme" einverstanden (dazu *Otto*, Jura 1989, 140, 204).

Beispiel 21: Kriminalkommissar K legt einen präparierten 100-Euro-Schein in der Boutique B aus. Er will damit den D des Diebstahls überführen. Wie erwartet, steckt D das Geld ein. Diebstahl?

Lösung: Hier ist der Gewahrsamsinhaber K mit der Wegnahme einverstanden, will sie geradezu herbeiführen. Folge ist demnach, dass ein „Bruch" fremden Gewahrsams ausscheiden muss. Es liegt seitens des „Diebesfallenopfers" D lediglich ein (untauglicher) versuchter Diebstahl vor (§§ 242, 22).

Wegnahme 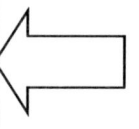	**fremde bewegliche Sache**
Bruch fremden und Begründung neuen Gewahrsams	

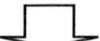

Gewahrsam des Bestohlenen

Sachherrschaft + Herrschaftswille + Verkehrsanschauung

- Räumliche Distanz, Bewusstlosigkeit und Schlaf schadet nicht
- *Genereller Wille* des Supermarktinhabers etc. bei verlorenen Sachen
- Außer Alleingewahrsam auch über- oder untergeordneter Mitgewahrsam eines anderen möglich z.b. im Verhältnis LKW-Fahrer/Chef
- Gewahrsam endet, wenn Sache verloren *und* Verbleib unbekannt

Bruch des Gewahrsams

Gewahrsamswechsel ohne oder gegen den Willen des Berechtigten

- kein Bruch bei tatbestandsausschließendem Einverständnis; insbes. zu diskutieren im Winkelschleifer-, Tankstellen- und Warenautomaten-Fall
- Beobachtung durch Ladendetektiv steht dem „Bruch" nicht entgegen

Neuer Gewahrsam

Täter hat die Sache derart erlangt, dass er die Herrschaft über die Sache ungehindert durch den alten Gewahrsamsinhaber ausüben kann.

- bei kleineren, leicht beweglichen Gegenständen genügt Ergreifen und Einstecken der Sache in Kleidung oder Tasche (Gewahrsamsexklave)
- größere, sperrige oder schwere Gegenstände müssen aus dem Machtbereich des bisherigen Gewahrsamsinhabers entfernt werden. Bis dahin nur Gewahrsamlockerung.

C. Subjektiver Tatbestand

Der subjektive Tatbestand des § 242 I verlangt **Vorsatz** sowie die **Absicht** des Täters, sich oder einem Dritten die Sache rechtswidrig **zuzueignen**.

C. Subjektiver Tatbestand

I. Vorsatz bezüglich
- **Fremde bewegliche Sache**
- **Wegnahme**

II. Zueignungsabsicht
- **Aneignung: Absicht**
- **Enteignung: Eventualvorsatz genügt**

III. Objektive Rechtswidrigkeit der Zueignung
IV. Vorsatz bezüglich III.

I. Vorsatz

Bezüglich des Vorsatzes gelten im Rahmen des § 242 I keine Besonderheiten. Er muss sich wie immer auf alle objektiven Tatbestandsmerkmale beziehen (Wegnahme einer fremden, beweglichen Sache). Ein Irrtum bezüglich eines dieser Merkmale führt zu einem **vorsatzausschließenden Tatbestandirrtum** gemäß § 16 I 1. Eine fahrlässige Tatbegehung, an die im Falle des § 16 I 1 stets zu denken ist (vgl. § 16 I 2), kommt bei § 242 nicht in Betracht.

Beispiel 22: T nimmt in der Kneipe den Regenschirm des B mit nach Hause in der Auffassung, es sei sein eigener. Mangels Vorsatzes bzgl. des Merkmals „fremd" scheidet ein Diebstahl aus.

Hinweis: Der Vorsatz bzgl. der Rechtswidrigkeit der Zueignung ist erst an späterer Stelle zu prüfen, siehe sogleich.

II. Zueignungsabsicht

Die **Zueignungsabsicht**, die § 242 I verlangt, stellt im Rahmen des subjektiven Tatbestandes regelmäßig das größte Problem dar. In einer Klausurbearbeitung liegt hier oftmals der Schwerpunkt.

Die Zueignungsabsicht ist ein **besonderes subjektives Merkmal**, das anders als der Vorsatz allgemein im objektiven Tatbestand keine Entsprechung findet. Man spricht daher beim Diebstahl von einem Delikt mit **überschießender Innentendenz**. Zu beachten ist, dass alle subjektiven Merkmale, insbesondere die Zueignungsabsicht, nach den allgemeinen Regeln zum Zeitpunkt der Tathandlung, also der Wegnahme vorliegen müssen. Fasst der Täter diese Absicht erst zu einem späteren Zeitpunkt, kommt ein Diebstahl nicht in Betracht. Zu denken ist aber an **andere Vermögensdelikte**, wie etwa § 246 (Unterschlagung).

Beispiel 23: T nimmt in der Kneipe den Regenschirm des B mit nach Hause, um ihn am nächsten Tag zurückzugeben. Als T zu Hause ist, beschließt er, den Regenschirm für sich zu behalten. Mangels Zueignungsabsicht zum Zeitpunkt der Wegnahme entfällt § 242.

Die Zueignungsabsicht besteht aus **zwei Elementen**: Dem Vorsatz, den Berechtigten dauerhaft zu **enteignen** und die Absicht, sich oder einem Dritten die Sache oder einen darin verkörperten Sachwert zumindest vorübergehend **anzueignen**.

> Zueignungsabsicht = Enteignungsvorsatz + Aneignungsabsicht

> Unter **Enteignung** versteht man die gewollte dauerhafte Verdrängung des bisherigen Eigentümers aus seiner Eigentümerposition.

Zu beachten ist, dass dies nicht erfolgreich verwirklicht, sondern lediglich gewollt sein muss. In den meisten Fällen wird eine reale Enteignung schon an **§ 935 BGB** scheitern. Dem Täter wird es in der Regel auch nicht auf die dauerhafte Enteignung des bisherigen Eigentümers ankommen. Nicht zuletzt um Strafbarkeitslücken zu vermeiden, wird bezüglich der Enteignung daher jede Vorsatzform als ausreichend angesehen. **Eventualvorsatz** (also billigendes Inkaufnehmen) genügt somit.

> Die **Aneignung** verlangt die zumindest vorübergehende Einverleibung der Sache in das Vermögen des Täters.

Seit dem 6. Strafrechtsreformgesetz 1998 genügt auch die Einverleibung der Sache in das Vermögen eines Dritten. Für die Aneignungskomponente ist Absicht, also **dolus directus 1. Grades** erforderlich. Schon aufgrund dieser unterschiedlichen subjektiven Voraussetzungen ist es in der Klausur unerlässlich, die Aneignung und die Enteignung sauber voneinander zu trennen.

Zu beachten ist ferner, dass sowohl auf der Enteignungs- als auch auf der Aneignungsebene nicht nur die Sache selbst, sondern (subsidiär) auch ein in ihr verkörperter **Sachwert** in Betracht kommt (s.u.). Dabei ist stets zu beachten, dass dann, wenn eine Enteignung oder Aneignung der Sache selbst vorliegt, auf eine zusätzlich vorliegende Ent- bzw. Aneignung des in ihr verkörperten Sachwertes nicht eingegangen zu werden braucht. Ebenso ist bei Vorliegen einer Selbstaneignung regelmäßig bezüglich dieser Sache nicht mehr auf eine Drittaneignung einzugehen. Im Einzelnen:

1. Enteignung

Im Rahmen der Enteignung ist weiter zwischen der Enteignung der Sache selbst und eines in ihr verkörperten Sachwertes zu differenzieren.

a) Enteignung der Sache selbst

Der Täter muss im Zeitpunkt der Wegnahme den Vorsatz haben (noch einmal: dolus eventualis genügt hier), den Eigentümer dauerhaft aus seiner Eigentümerposition zu verdrängen, indem er ihm die Sache entzieht. Entscheidend für die Frage des Enteignungsvorsatzes ist somit, ob der Täter zum Zeitpunkt der Tathandlung die Sache dem Eigentümer irgendwann später wieder zurückgeben will oder nicht. Bejaht man diese Frage, dann scheidet ein Enteignungsvorsatz grds. aus, da dieser auf Dauer angelegt sein muss (siehe auch *Thoss*, JuS 1996, 816).

Beispiel 24: Jurastudent J „leiht" sich ohne Wissen seines Kommilitonen D dessen Studienratgeber „500 Spezial-Tipps für Juristen" aus, um ihn schnell zu lesen. Danach legt er das Buch wieder, wie von Anfang an geplant, in dessen Regal zurück. Hier gebraucht J das Buch lediglich, ohne es dem D dauerhaft entziehen zu wollen. Ein Enteignungsvorsatz ist somit abzulehnen.

Die gewollte Enteignung ist somit von der schlichten **Gebrauchsanmaßung** abzugrenzen. Letztere ist grundsätzlich straflos. Um diese Strafbarkeitslücke wenigstens für den Gebrauch von Fahrzeugen zu schließen, wurde z.B. vom Gesetzgeber zusätzlich zu § 242 der Tatbestand „Unbefugter Gebrauch eines Fahrzeugs" (§ 248 b) geschaffen.

Ein in diesem Zusammenhang immer wiederkehrender Fall, ist der der **Fahrzeugrückführung**. Wenn jemand ein Fahrzeug entwendet, um damit eine Spritztour zu machen, fehlt es regelmäßig am Enteignungsvorsatz, da das Fahrzeug ja nur kurz genutzt werden soll. Das gilt jedoch nur dann, wenn von Anfang an geplant ist, das Fahrzeug im Anschluss so abzustellen, dass es dem Berechtigten ohne große Mühe möglich ist, das Fahrzeug wiederzuerlangen. Nur dann greift nicht § 242, sondern § 248 b.

Anders ist der Fall zu beurteilen, wenn der Täter vorhat, es „wo auch immer" abzustellen, so dass es dem Zugriff Dritter ausgeliefert ist. In diesem Fall hat der Täter keinen „**Rückführungswillen**", so dass § 242 I durchaus in Betracht kommt (entscheidend sind hier stets die Besonderheiten des Einzelfalls). Hinsichtlich des Vorsatzes genügt auf der Enteignungsseite wie bereits mehrfach festgestellt Eventualvorsatz.

Die **Aneignungsabsicht** ist hingegen in beiden dargestellten Fahrzeug-Fällen unproblematisch zu bejahen, da der Täter das Fahrzeug während der Fahrt zumindest vorübergehend seinem Vermögen einverleibt, für seine Zwecke verwendet und dies auch bezweckt (siehe sogleich).

Kennen sollte man auch die sogenannten „**Rückverkaufs-Fälle**". Hier nimmt der Täter die Sache dem Eigentümer weg, um sie ihm dann zum Kauf anzubieten.

Beispiel 25: Lagerarbeiter L entwendet aus dem Lager seines Chefs C, der Versandhändler ist, 100 Paar Inline-Skates. Dann bietet L dem C über einen Bekannten die Inline-Skates wieder zum Kauf an. Hat L Enteignungsvorsatz?

Lösung: Man könnte daran denken, den Enteignungsvorsatz zu verneinen, da der Täter ja letztlich will, dass die Sache wieder beim ursprünglichen Eigentümer landet. Allerdings muss berücksichtigt werden, dass ein Rückverkauf nur möglich ist, wenn der Täter das ursprüngliche Eigentum *leugnet*. Die Sache muss dem „ehemaligen" Eigentümer also vorher entzogen werden, damit dieser sie anschließend „neu" erwerben kann. Insoweit ist der Enteignungsvorsatz zu bejahen (und zwar in der Form der Absicht, da es dem Täter ja gerade auf eine Enteignung ankommt). Hier ist jedoch auch eine andere Ansicht vertretbar.

b) Enteignung des Sachwertes

In manchen Konstellationen kommt es dem Dieb auf die Sache selbst überhaupt nicht an. Nach der **Sachwerttheorie** genügt es für den Enteignungsvorsatz daher auch, wenn der Täter der Sache einen in ihr verkörperten Sachwert entziehen möchte. Es wird insoweit nicht die eigentliche Sache, sondern der darin enthaltene Wert „gestohlen".

Beispiel 26: T nimmt sich unbemerkt das Sparbuch der L, hebt das gesamte Geld ab und legt das Sparbuch dann, wie von Anfang an geplant, wieder an die gleiche Stelle zurück. Ist eine Enteignung gegeben?

Lösung: Hier hilft die *Substanztheorie* nicht weiter, denn bezüglich des Sparbuchs ist ein Enteignungsvorsatz offensichtlich zu verneinen. Dennoch wird niemand leugnen wollen, dass hier eine strafbare Handlung vorliegt. An dieser Stelle nun hilft die **Sachwerttheorie** weiter. Das Geld auf dem Sparbuch stellt einen Wert dar, der in dem Sparbuch selbst verkörpert ist. Damit ist das Sparbuch nach der Abhebung weniger wert als vorher. Diesen Wert hat der T dem Sparbuch entnommen. Bezüglich dieses Wertes ist ein Enteignungsvorsatz zu bejahen.

Interessant sind hier auch die Konstellationen, in denen die Sache durch den Gebrauch wesentlich *entwertet* wird. Gemeint sind also Fälle, in denen die Sache grundsätzlich wieder zurückgegeben werden soll. Grds. fehlt hier also der Enteignungsvorsatz.

Beispiel 27: Jurastudent J steckt in der Buchhandlung heimlich das Skript „Standardfälle Strafrecht für Fortgeschrittene" ein. Er plant, das Buch kurz im Copy-Shop zu kopieren und es dann sofort wieder in die Buchhandlung zurückzubringen. Ist ein Enteignungsvorsatz gegeben?

Lösung: Da J die Sachsubstanz (das Buch) wieder zurückbringen wollte, kann eine Enteignung allenfalls bezüglich des Sachwerts vorliegen. Es stellt sich die Frage, ob einem Buch, das kopiert worden ist, der Sachwert entzogen worden ist. Dies wird teilweise mit dem Hinweis darauf bejaht, dass ein *neues* Buch durch Kopieren (oder Durchlesen) meist soviel Schaden nimmt, dass es nicht mehr als neuwertig verkauft werden kann.

Beispiel 28: T hat sich den Wagen des L genommen, um damit eine lange Urlaubsreise anzutreten (etliche tausend Kilometer). Anschließend bringt er den Wagen, wie von Anfang an geplant, wieder zu L zurück. Ist eine Enteignung gegeben?

Lösung: In diesem Fällen ist, wie oben dargelegt, grundsätzlich § 248b gegeben. Es muss jedoch überlegt werden, ob nicht auch ausnahmsweise § 242 I erfüllt wird, da der Wagen nach mehreren tausend Kilometern erheblich weniger wert ist als zuvor. Diesen Wert hat sich der T rechtswidrig zugeeignet.

Wann die Erheblichkeitsschwelle bezüglich der Wertminderung über-schritten und damit § 242 I zu bejahen ist, lässt sich pauschal nicht festlegen. Zu berücksichtigen ist jedoch, dass § 248b zeigt, dass die bloße *Gebrauchsanmaßung* grundsätzlich nicht unter § 242 I fällt.

Zu bedenken ist allerdings, dass die Sachwerttheorie nicht jeden wirtschaftlichen Vorteil erfasst, den man mit der Sache erlangen kann. Es muss sich immer um einen Wert handeln, der *in der Sache selbst* angelegt ist, sog. **lucrum ex re**.

Beispiel 29: L hat gehört, dass S die Katze des K gefunden hat. Er nimmt sie ihm heimlich weg und bringt sie zu K, um den Finderlohn zu kassieren. Ist eine Enteignung gegeben?

Lösung: Hier hat L zwar den Gewahrsam des S gebrochen. Er bringt die Katze aber dem wahren Eigentümer K zurück. Er leugnet auch nicht dessen Eigentum. K erhält seine Katze ohne jede Werteinbuße zurück, der Finderlohn ist kein in der Katze enthaltener Sachwert, der mit ihr un-trennbar verbunden ist. Somit scheidet ein Diebstahl aus. In Betracht kommt jedoch ein Betrug des L gegenüber K zu Lasten des S (Drei-ecksbetrug, s.u.).

Beispiel 30: Der Wehrdienstleistende W hat bei einer Übung seinen Helm im Wald verloren. Damit dies niemand merkt, nimmt W den Helm seines Kameraden K heimlich an sich und gibt diesen bei Beendigung des Wehrdienstes als „seinen" Helm zurück. Ist eine Enteignung ge-geben?

Lösung: Hier hat W dem K den Helm weggenommen. Er entzieht aber dem zurückgegebenen Helm nicht den ihm innewohnenden Wert, son-dern bewahrt sich selbst lediglich vor Schadensersatzansprüchen des Bundes. Mangels Enteignung kommt nach der Literatur nicht ein Dieb-stahl, sondern allenfalls ein Betrug (§ 263) zu Lasten des K in Betracht.

2. Aneignung

Im Rahmen der Aneignung ist nicht nur zwischen der An-eignung der Sache selbst und der Sachsubstanz zu diff-erenzieren, sondern zusätzlich zwischen der Selbst- und der Drittaneignung.

a) Selbstaneignung

> Der Täter eignet sich die Sache dann an, wenn er sie zumindest vorübergehend **seinem Vermögen einverleiben** will. Dies liegt stets dann vor, wenn der Täter die Sache, wenn auch nur kurz, zu eigenen Zwecken ge- oder verbrauchen will.

Eine Aneignungsabsicht ist immer dann zu bejahen, wenn sich der Täter (auch nur kurzfristig) eine **eigentümerähnliche Stellung** anmaßt. Daher sind z.b. die Fälle der Gebrauchsanmaßung hinsichtlich der Aneignungsseite völlig unproblematisch. Durch die Benutzung verleibt sich der Täter nämlich den Gegenstand zumindest kurzzeitig seinem eigenen Vermögen ein und verfährt damit wie ein Eigentümer – Aneignungsabsicht ist somit gegeben. Auch in den *Beispielen 24 und 25* liegt sie vor. Die Aneignungsabsicht fehlt jedoch dann, wenn der Täter die Sache lediglich zerstören, beschädigen oder sonst beseitigen will. In diesen Fällen soll die Sache zu keinem Zeitpunkt in das eigene Vermögen gelangen. Es liegt zwar Enteignungsvorsatz vor, aber keine Aneignungsabsicht.

Beispiel 31: M möchte der T Schaden zufügen. Er nimmt ihr daher wertvollen Schmuck weg. Was er mit dem Schmuck anfangen will, weiß er zum Zeitpunkt der Wegnahme noch nicht genau, das will er sich noch überlegen. Auf dem Rückweg schmeißt er den Schmuck in einen Fluss. Ist eine Zueignung gegeben?

Lösung: In diesem Fall bestehen bezüglich des *Ent*eignungsvorsatzes keinerlei Bedenken, auf die Enteignung kommt es dem M ja gerade an. Problematisch ist jedoch die *Aneignungsseite*. M müsste die Absicht haben, die Sache zumindest vorübergehend in sein Vermögen einzuverleiben. Daran könnte es hier fehlen, da er die Sache letztlich *weggeworfen* hat. Allerdings liegt der Fall hier anders als in den Fällen, in denen der Täter *von Anfang an* vorhat, die Sache zu zerstören. Hier war M sich zum Zeitpunkt der Wegnahme nämlich nicht sicher, was er mit dem Schmuck anfangen sollte. Er hielt sich somit alle Möglichkeiten offen. Um über die weitere Verwendung entscheiden zu können, war es jedoch unabdingbar, den Schmuck zunächst in sein Vermögen einzuverleiben, um dann wie ein Eigentümer verfahren zu können.

M wollte sich somit Eigentümerbefugnisse anmaßen. Was er letztlich mit der Sache gemacht hat, kann nicht entscheidend sein, da es nur auf den Zeitpunkt der Wegnahme ankommt. Es kann am Ergebnis nichts ändern, wenn M die Sache, anstatt sie wegzuwerfen verkauft hätte. Insofern lässt sich die Zueignungsabsicht in diesem Fall bejahen (a.A. wohl ebenfalls vertretbar).

Der Täter muss die Aneignung beabsichtigen, es ist somit bezüglich der Aneignung **dolus directus 1. Grades** erforderlich. Dies sollte in der Klausurbearbeitung stets deutlich gemacht werden. Hier gilt es, genau zu arbeiten. Wenn der Täter etwa ein Behältnis mitnimmt, in dem er Schmuck vermutet, hat er es oftmals nicht auf das Behältnis abgesehen, sondern will dieses nach der Öffnung wegwerfen. Dann fehlt es bezüglich des Behältnisses an einer Aneignungsabsicht. Findet sich in einem solchen Fall kein Schmuck im Behältnis, liegt lediglich ein versuchter Diebstahl vor.

Anders liegt der Fall, wenn das Behältnis ein notwendiges Transportmittel darstellt. In diesem Fall will der Täter das Behältnis zumindest vorübergehend für eigene Zwecke nutzen (nämlich zum Transport). Dies genügt für eine Aneignungsabsicht. Insofern gilt es in der Klausur sauber zu differenzieren und dem Korrektor zu zeigen, dass man Problembewusstsein besitzt. Das Ergebnis ist dann regelmäßig zweitrangig.

Bezüglich der Aneignung eines Sachwertes gelten keine Besonderheiten. Aneignungsabsicht hat somit auch derjenige, der einen Sachwert vorübergehend seinem Vermögen einverleiben will. So etwa im Sparbuch-Fall oder bei der Benutzung eines PKW, der zu einer derart erheblichen Wertminderung führt, dass § 242 I zu bejahen ist.

30

b) Drittaneignung

Die Strafbarkeit der Drittzueignung wurde durch das 6. Strafrechtsreformgesetz geschaffen. Bei der Drittzueignung muss der Täter das Ziel verfolgen, die weggenommene Sache (oder den in ihr verkörperten Sachwert) dem **Vermögen eines Dritten** zumindest kurzzeitig einzuverleiben. Insoweit kann auf die Ausführungen zur Selbstaneignung verwiesen werden.

Die Fälle, in denen der Täter die Sache wegnimmt, um sie hinterher zu *verschenken* oder zu *verkaufen*, wurden bisher als *Selbstaneignung* eingestuft. Daran hat sich auch durch die Aufnahme der Drittaneignungsabsicht in den Tatbestand des § 242 durch das 6. Strafrechtsreformgesetz 1998 nichts geändert, da sich ein Täter, der über eine Sache in dieser Art und Weise verfügen will, Eigentümerbefugnisse anmaßt.

Daneben liegt jedoch gleichzeitig sicherlich auch ein Fall der Drittaneignungsabsicht vor, der jedoch in den Fällen des Verkaufens oder Verschenkens subsidiär zurücktritt. In einer Klausur sollte man in den Fällen des Verkaufens oder Verschenkens auf die Drittaneignungsabsicht gar nicht erst eingehen (*Jäger*, JuS 2000, 652).

Relevant ist die Drittzueignung vor allem für die Fälle der **mittelbaren Vorteilserlangung** (etwa Weitergeben der Sache, um eine Belohnung zu erhalten). Diese wurden bis 1998 von der h.M. unter die Selbstaneignung gefasst; große Teile in der Literatur widersprachen allerdings dieser extensiven Auslegung. Mit der Einführung der Drittzueignung sollte man in einer Klausur nun auf diese zurückgreifen, die diese Fälle unproblematisch erfasst.

III. Rechtswidrigkeit der Zueignung

§ 242 I setzt weiter voraus, dass die erstrebte Zueignung auch **objektiv rechtwidrig** ist und der Vorsatz des Täters (IV.) diese Rechtswidrigkeit umfasst. Das bedeutet in der Konsequenz, dass nun im Rahmen des subjektiven Tatbestandes ein objektives Merkmal geprüft werden muss.

> An der **Rechtswidrigkeit** der erstrebten Zueignung fehlt es, wenn der Täter einen **fälligen und einredefreien Anspruch** auf Übereignung der Sache hat.

Zu beachten ist, dass insoweit ein Unterschied zwischen Stück- und Gattungsschulden besteht. Bei Stückschulden bezieht sich der Anspruch auf eine *konkrete Sache*. Nimmt der Täter diese weg, entfällt somit die Rechtswidrigkeit der beabsichtigten Zueignung und damit auch § 242 I.

Beispiel 32: A verkauft seinem Nachbarn B für 200 Euro seine goldene Gedenkmünze „50 Jahre Europa". Zur Übereignung kommt es nicht, da A sofort auf Geschäftsreise gehen muss. B geht mit dem Zweitschlüssel in die Wohnung des A und nimmt die Münze mit. Diebstahl?

Lösung: Fremde Sache? Ja, die Münze war noch nicht übereignet und stand daher im Eigentum des A. Wegnahme? Ja, der Gewahrsam des A wurde gebrochen und eigener des B begründet. Vorsatz? Ja. Zueignungsabsicht? Ja. Es entfällt jedoch die objektive Rechtswidrigkeit und somit § 242 I, da B einen fälligen, einredefreien Anspruch auf Übereignung der Münze aus dem Kaufvertrag (§ 433 I 1 BGB) hatte.

Anders ist es hingegen bei *Gattungsschulden*. Gattungssachen sind solche (meist in großen Mengen hergestellten) Massengüter, die lediglich nach typisierenden Merkmalen bestimmt sind.

Beispiel 33: Neuwagen, Motorräder, Kartoffeln, Weizen, Fabrikmöbel.

Hier bezieht sich der Anspruch vor der Konkretisierung (§ 243 II BGB) lediglich auf eine Sache mittlerer Art und Güte (§ 243 I BGB), wobei grundsätzlich dem Schuldner die Auswahlbefugnis zusteht. Nimmt der Täter nun selbstständig eine solche Sache mittlerer Art und Güte weg, verletzt er dieses Auswahlrecht. Dies macht die Zueignung objektiv rechtswidrig.

Umstritten ist, inwieweit diese Folge auch bei **Geldschulden** eintritt. Geldschulden sind prinzipiell Gattungsschulden, so dass insbesondere der BGH die Rechtswidrigkeit der Zueignung bejaht, da der Täter keinen Anspruch auf die konkret weggenommenen Geldscheine habe. In der Literatur gewinnt dagegen zunehmend die sogenannte **Wertsummentheorie** an Bedeutung. Danach nimmt Geld unter den Gattungsschulden eine Sonderrolle ein, da es sich dabei lediglich um einen **Wertsummenträger** handle. Somit entfalle die Rechtswidrigkeit der Zueignung, wenn der Täter einen Anspruch auf die betreffende (Wert)Summe habe.

Beispiel 34: A hat in *Beispiel 32* von B noch nicht den Kaufpreis (200 Euro) für die Münze erhalten. Deshalb nimmt er sich, als dessen Geldbörse unbeaufsichtigt im Garten liegt, zwei 100-Euro-Scheine heraus. Diebstahl?

Lösung: Nach der Literatur (Wertsummentheorie) entfällt die objektive Rechtswidrigkeit und somit § 242 I, da A einen fälligen, einredefreien Anspruch auf Kaufpreiszahlung aus dem Kaufvertrag (§ 433 II BGB) hatte. Nach der Rechtsprechung ist hingegen die Rechtswidrigkeit der Zueignung zu bejahen, da A keinen Anspruch auf die *konkreten* Scheine hatte.

Für die Wertsummentheorie spricht insbesondere, dass das Auswahlrecht des Schuldners bei Geldschulden praktisch fast keine Bedeutung besitzt. In der Klausur sollte man dieses Problem ansprechen und diskutieren, eine Entscheidung ist aber nicht vorgegeben.

Zu denken ist in diesem Zusammenhang auch immer an einen eventuell vorliegenden **Irrtum** des Täters: Nimmt er irrig an, einen fälligen Anspruch gerade auf die weggenommenen Geldscheine gehabt zu haben, so liegt ein Tatbestandsirrtum vor, § 16 (die Rechtswidrigkeit ist ein objektives Tatbestandsmerkmal). Nimmt der Täter hingegen an, sein Handeln sei wegen Selbsthilfe (§ 229 BGB) gerechtfertigt, liegt ein Verbotsirrtum vor, der an § 17 zu messen ist. Hier kommt es mithin auf die Vermeidbarkeit des Irrtums an.

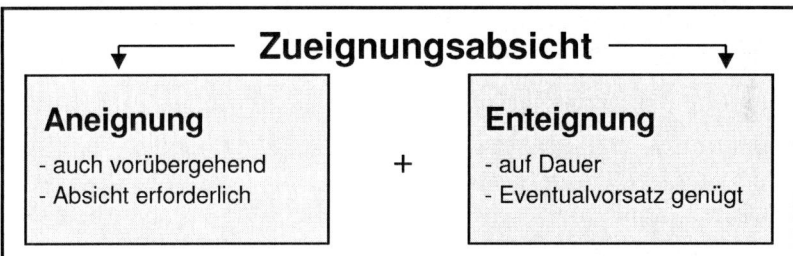

Zueignungsabsicht

Aneignung
- auch vorübergehend
- Absicht erforderlich

+

Enteignung
- auf Dauer
- Eventualvorsatz genügt

Zueignung der Sache selbst (Sachsubstanz)

- Die bloße Gebrauchsanmaßung ist grundsätzlich nicht strafbar. Ausnahme für KFZ und für Fahrräder ist § 248 b
- Der Täter eignet sich die Sache auch dann zu, wenn er sie nach dem Diebstahl verkaufen oder verschenken will

---

Zueignung des Sachwertes

- Der Täter entzieht der Sache einen in ihr verkörperten Sachwert, indem er z.B. Geld vom Sparbuch abhebt, die Sache gebraucht und sie so entwertet oder eine gestohlene Sache an den früheren Eigentümer unter Leugnung dessen Eigentums zurückverkauft.
- Es muss sich um einen Wert handeln, der *in der Sache selbst* angelegt ist, sog. *lucrum ex re.*

34

D. Das Erfordernis eines Strafantrags, §§ 247, 248a

Nach Feststellung der Schuld ist immer an die speziellen Antragserfordernisse der §§ 247, 248a zu denken. Gemäß § 247 (lesen!) wird ein Haus- oder Familiendiebstahl nur auf *Antrag* verfolgt. Zum Begriff des Angehörigen siehe § 11 I Nr. 1. Eine häusliche Gemeinschaft liegt bei einem auf freiem und ernstlichem Entschluss begründeten Zusammenleben vor, das auf eine gewisse Dauer angelegt ist.

Ein Antragserfordernis besteht gemäß § 248a grds. auch für den **Diebstahl geringwertiger Sachen.** Als **geringwertig** galt eine Sache in den 90er Jahren, wenn ihr Geldwert ca. **25 €** nicht überstieg. Seit der Euroeinführung im Jahr 2002 besteht Streit (*Henseler,* StV 6/2007, 323). Die Spanne reicht nunmehr von 25 € über 30 € und 35 € bis zu 50 € (OLG Hamm NJW 2003, 3145). Vor dem Hintergrund der Preisentwicklung seit 2002 scheint wohl ein Betrag von 50 Euro insgesamt als angemessen.

Die Frage der Geringwertigkeit ist rein objektiv zu bestimmen; ein Irrtum des Täters über den Wert der weggenommenen Sache ist daher unerheblich (*Warda,* Jura 1979, 117). Ist die gestohlene Sache geringwertig und sind laut Sachverhalt „etwaige Strafanträge gestellt", so schreibt man am Ende der Prüfung des § 242 kurz: „Ein Antrag gemäß § 248a ist laut Sachverhalt gestellt".

Hinweis: Probleme kann die Regelung des § 248a dann bereiten, wenn es dem Täter nicht um die Sache, sondern um einen darin befindlichen Sachwert ankommt. Klassisch sind auch hier wieder die Sparbuch-Fälle. Das Sparbuch selbst wird zwar regelmäßig sehr gering sein, da der Täter es aber auf den „Inhalt" abgesehen hat, lässt sich sehr gut vertreten, dass es sich nicht um eine geringwertige Sache handelt (sofern das Guthaben mehr als 50 Euro beträgt).

Prüfungsschema: Der Diebstahl, § 242

I.	**Objektiver Tatbestand**
	1. fremde bewegliche Sache
	2. Wegnahme

II. **Subjektiver Tatbestand**
1. Vorsatz (bezüglich der Wegnahme einer fremden beweglichen Sache)
2. Absicht der rechtswidrigen Zueignung
   a) Zueignungsabsicht
      • Aneignung: Absicht
      • Enteignung: mind. Eventualvorsatz
   b) (objektive) Rechtswidrigkeit der Zueignung
   c) Vorsatz bezüglich dieser Rechtswidrigkeit

III. **Rechtswidrigkeit**
IV. **Schuld**
V. **Ggf. § 243 als Strafzumessungsregelung**
VI. **Ggf. Anträge gemäß §§ 247, 248a**

E. Der versuchte Diebstahl

Der versuchte Diebstahl ist gemäß § 242 II strafbar. Diese positive Feststellung ist in der Klausur notwendig, da es sich bei § 242 I um ein Vergehen handelt (§ 12 II), vgl. § 23 I.

Vollendet ist der Diebstahl mit der Beendigung der Wegnahme, so dass für einen Versuch das unmittelbare Ansetzen zu deren Verwirklichung notwendig ist (§ 22). **Beendet** ist der Diebstahl dann, wenn der Täter die Beute gesichert hat. Man kann davon ausgehen, dass dies frühestens der Fall ist, wenn der Täter den räumlichen Herrschaftsbereich des Opfers verlassen hat. Im Falle eines Versuches ist stets an die Möglichkeit eines strafbefreienden Rücktritts zu denken (§ 24).

▶ Literatur zu dieser Lektion

📖 Müller, **JA** 2013, 756 (Fortg.-Klausur u.a. zu §§ 242, 243)
📖 Bergmann/Rensch, **Jura** 2012, 553 (Fall)
📖 Börner, **Jura** 2005, 389
📖 Härtl/Poller, **JuS** 2004, 1075 (Fall)
📖 Haustein, **JA** 2015, 351 (Anfängerklausur)
📖 Hecker, **JuS** 2015, 276 (Fall)
📖 Koch/Exner, **JuS** 2007, 40 (Fall)
📖 Kretschmer, **Jura** 2010, 468 (Fall mit erläuterter Lösung)
📖 Kretschmer, **JA** 2015, 105 (Aufsatz)
📖 Mitsch, **JuS** 2012, 911 (Fall)
📖 Rönnau/Golombek, **JuS** 2007, 348 (Fall)
📖 Rotsch, **Jura** 2004, 777 (Fall)
📖 Safferling, **JuS** 2005, 135 (Fall)
📖 Standardfälle Strafrecht für Fortgeschrittene Fälle 2-4
📖 Streng, **JuS** 2007, 422 (Fall)
📖 Swoboda, **Jura** 2007, 224 (Fall)
📖 Weißer, **JuS** 2005, 620 (Fall)

Lektion 2: Der bes. schwere Fall des Diebstahls, § 243

A. Einordnung

Bei § 243 handelt es sich *nicht* um eine eigenständige Qualifikation des § 242 I. Stattdessen nennt § 243 **Regelbeispiele**, bei deren Verwirklichung regelmäßig (aber nicht zwingend) ein besonders schwerer Fall des Diebstahls vorliegt. § 243 ist somit **kein eigenständiger Tatbestand** und kann nicht einzeln geprüft werden. Er beinhaltet lediglich eine **Strafzumessungsregel**. Für den Klausuraufbau empfiehlt es sich daher, § 243 direkt nach dem Prüfungspunkt „IV. Schuld" zu prüfen, vgl. das Prüfungsschema zu § 242 (siehe auch *Kudlich*, JuS 1999, L 90).

Wichtig ist, hier auf die richtige Terminologie zu achten (Strafzumessungsregel und keine Qualifikation!). Um ein Regelbeispiel bejahen zu können, ist weiter erforderlich, dass es objektiv vorliegt und der Täter es in seinen Vorsatz mit einbezogen hat.

Auf keinen Fall dürfen nach den Regelbeispielen noch Rechtswidrigkeit und Schuld geprüft werden, es handelt sich wie gesagt nicht um einen „normalen" Tatbestand! Auch bei Bejahung eines Regelbeispiels kann ein besonders schwerer Fall im Übrigen noch abgelehnt werden, wenn das gesamte Tatgeschehen dies rechtfertigt. Andersherum kann ein besonders schwerer Fall auch bejaht werden, wenn ein Regelbeispiel nicht vorliegt. Vom Unrechtsgehalt her muss der konkrete Fall jedoch mit dem Unrechtsgehalt der Regelbeispiele in etwa übereinstimmen. Insoweit ist hier eigene Argumentation gefragt (siehe auch *Zieschang*, Jura 1999, 563).

B. Die einzelnen Regelbeispiele

Im Folgenden sollen die für eine Klausurbearbeitung *wichtigsten* Regelbeispiele kurz genannt werden. Eine umfassende Darstellung würde den Rahmen dieses Skripts sprengen.

I. Einbruchs- u. Nachschlüsseldiebstahl, § 243 I 2 Nr. 1

Ein **umschlossener Raum** (als Oberbegriff) ist ein Raumgebilde, das zumindest auch zum Betreten von Menschen bestimmt ist und mit Vorrichtungen zur Abwehr des Eindringens versehen ist.

Beispiel 1: Teile eines Gebäudes wie Zimmer und Keller; eingehegte Obstplantagen; umzäunte Gärten; Schiffe; Autos; Büros.

Einbrechen ist das gewaltsame Öffnen einer den Zutritt verwehrenden Umschließung von außen. Ein Eintreten des Täters in den geöffneten Raum ist nicht erforderlich.

Beispiel 2: Aufbrechen einer Tür oder eines Fensters.

Einsteigen setzt voraus, dass der Täter in den Raum unter Überwindung von Hindernissen, die den Zugang nicht unerheblich erschweren, auf außergewöhnliche Weise eindringt.

Beispiel 3: Übersteigen eines Zaunes; Hindurchzwängen durch eine hindernde Zaunlücke; Einsteigen durch ein offenes Fenster.

Der Täter muss nicht mit seinem ganzen Körper einsteigen. Es genügt, wenn er sich im Innern des Raumes abstützt, um dann eine mit der Tatausführung zusammenhängende Handlung vorzunehmen.

Ein **Eindringen** liegt vor, wenn zumindest ein Teil des Körpers in den Raum gebracht worden ist und dies gegen den erkennbaren oder vermuteten Willen des Berechtigten erfolgt. Ein **Schlüssel** ist **falsch,** wenn ihn der Berechtigte überhaupt nicht, nicht mehr oder noch nicht zur Öffnung des konkreten Schlosses bestimmt hat.

Sollte sich also jemand mit einem gestohlenen Schlüssel Zugang zu einem Gebäude verschaffen, so ist dies so lange kein Eindringen mit einem falschen Schlüssel wie der Eigentümer des Schlüssels diesen nicht entwidmet hat, was stets voraussetzt, dass der Diebstahl des Schlüssels bemerkt wurde.

Hinweis: § 243 I Nr. 1 i.V.m. § 242 I verdrängt auf Konkurrenzebene den meist mitverwirklichten § 303 (Sachbeschädigung) und den § 123 (Hausfriedensbruch) nach der neueren Rechtsprechung nicht mehr.

II. Besonders gesicherte Sachen, § 243 I 2 Nr. 2

In diesem Fall bildet die „Schutzvorrichtung" den Oberbegriff.

Schutzvorrichtungen sind von Menschenhand geschaffene Einrichtungen, die ihrer Art nach geeignet und bestimmt sind, die Wegnahme einer Sache erheblich zu erschweren.

Ein **Behältnis** ist ein Raumgebilde, das zur Aufnahme von Sachen, *nicht* aber zum Betreten durch Menschen bestimmt ist (im Gegensatz zum umschlossenen Raum!). Es ist **verschlossen,** wenn sein Inhalt mittels einer technischen Schließeinrichtung oder auf andere Weise gegen den unmittelbaren ordnungswidrigen Zugriff gesichert ist.

Wichtig ist, dass die betreffende Sicherung **gerade die Erschwerung der Wegnahme bezwecken** muss.

Beispiel 4: T nimmt sich im Kaufhaus eine Hose und probiert sie in der Umkleidekabine an. Sie gefällt ihm auch. Daher behält er die Hose an, entfernt die elektronische Sicherungsvorkehrung, die sonst beim Passieren der Kasse einen Warnton erzeugt und verlässt das Geschäft. Ist die elektronische Sicherungsvorkehrung als Schutzvorrichtung i.S.d. § 243 I 2 Nr. 2 anzusehen?

Lösung: Hier hat T bereits eine vollendete Wegnahme und damit einen vollendeten Diebstahl begangen, als er die Hose anzog, da sie in seine persönliche Sphäre gelangt ist (Gewahrsamsexklave!). Zwar stellt die elektronische Sicherung eine „andere Schutzvorrichtung" i.S.d. Nr. 2 dar. Diese Schutzvorrichtung soll die Wegnahme von ihrem Zweck her aber gar nicht verhindern, sondern lediglich eine bereits vollzogene Wegnahme „an der Kasse melden". Somit fehlt es in diesem Fall an einer besonderen Sicherung, die gerade die *Wegnahme* verhindern soll.

III. Gewerbsmäßiger Diebstahl, § 243 I 2 Nr. 3

> Ein **gewerbsmäßiger Diebstahl** ist gegeben, wenn der Täter sich durch wiederholte Tatbegehung eine nicht nur vorübergehende Einnahmequelle verschaffen möchte.

C. § 243 II

§ 243 II enthält einen zwingenden Ausschluss der Strafschärfung. Danach ist ein besonders schwerer Fall in den Fällen der **Nr. 1-6** (nicht Nr. 7!) ausgeschlossen, wenn sich die Tat auf eine **geringwertige Sache** bezieht.

> Nach hL muss es sich dabei sowohl *objektiv* als auch nach der Vorstellung des Täters (also *subjektiv*) um eine geringwertige Sache handeln, damit § 243 II eingreift.

Ein Irrtum des Täters ist also nach h.M. unerheblich. Geringwertig ist eine Sache mit einem Verkehrswert von etwa 50 Euro, vgl. dazu die Ausführungen oben

D. Der Versuch

Besonders beliebt sind in Klausuren bestimmte „Versuchskonstellationen" (siehe *Eckstein*, JA 2001, 548). § 243 selbst kann nicht als Versuch vorliegen, da er keinen

41

vollwertigen Tatbestand, sondern lediglich eine Strafzumessungsregelung darstellt. Es geht also um die Fälle, in
denen § 242 I i.V.m. § 243 „versucht" ist.

Dabei geht es um die folgenden drei Konstellationen:

1. § 242 I liegt als Versuch vor, ein Regelbeispiel des
   § 243 wurde jedoch vollendet;
2. § 242 I liegt als Versuch vor, ebenso wurde ein
   Regelbeispiel des § 243 lediglich „versucht"
3. § 242 I wurde vollendet, § 243 dagegen lediglich
   „versucht".

Beispiel 5: T will von der Weide des Bauern B eine Kuh stehlen. Er
klettert über den Zaun, schafft es aber nicht, sie einzufangen. Daher
geht er wieder nach Hause. Welche der drei o.g. Konstellationen liegt
vor?

Lösung: Hier liegt die erste Konstellation vor, die unproblematisch ist,
da das Regelbeispiel des § 243 I 2 Nr. 1 voll verwirklicht wurde. Denn T
ist in den durch den Zaun umschlossenen Raum – die Weide - „ein-
gestiegen". Es liegt somit ein versuchter Diebstahl in einem besonders
schweren Fall vor, §§ 242 I, 22 i.V.m. § 243.

Probleme bereitet insbesondere die zweite Konstellation
(vgl. BGHSt 33, 370). Der BGH bejaht in diesem Fall
ebenfalls einen versuchten Diebstahl in einem besonders
schweren Fall. Er begründet diese Ansicht insbesondere
damit, dass § 243 tatbestandsähnlich sei. In der Literatur
wird diese Ansicht jedoch größtenteils zu Recht abgelehnt.
Ein Regelbeispiel kann eben nur vorliegen oder nicht, ein
„Einbruch" ist entweder gegeben oder nicht. Insbesondere
lässt § 22 einen Versuch nur bei Tatbeständen zu, § 243
als Strafzumessungsregel erfüllt diese Voraussetzung jedoch gerade nicht.

In einer Klausur sollten Sie der Ansicht der Literatur folgen,
die sich mit den obigen Argumenten sehr gut begründen
lässt.

42

In der dritten Konstellation stellt sich die Frage, ob ein vollendeter Diebstahl in einem besonders schweren Fall vorliegt. Dies wäre der Fall, wenn der Wille zur Verwirklichung des Regelbeispiels ausreichend wäre. Dies ist jedoch abzulehnen, da es einen Versuch eines Regelbeispiels nicht gibt. Das Regelbeispiel verlangt objektiv dessen Verwirklichung und diese ist gerade nicht gegeben. § 243 scheidet somit aus (siehe dazu: *Graul*, JuS 1999, 856).

Hinweis: Es gilt, auf die korrekte Bezeichnung zu achten. In den Konstellationen 1 und 2 geht es um die Frage, ob es sich um einen *versuchten Diebstahl in einem besonders schweren Fall* handelt. Keinesfalls darf man von einem versuchten besonders schweren Fall des Diebstahls sprechen. § 243 hat eben keinen Tatbestandscharakter!

▸ Literatur zu dieser Lektion
- Standardfälle Strafrecht für Fortgeschrittene, Fall 2
- Müller, **JA** 2013, 756 (Fortg.-Klausur u.a. zu §§ 242, 243)
- Reichenbach, **Jura** 2004, 260 (Fall)
- Momsen/Sydow, **JuS** 2001, 1194 (Fall)
- Eckstein, **JA** 2001, 548 (Aufsatz)
- Zöller, **Jura** 2007, 305 (Fall)
- Zopfs, **Jura** 2007, 421 (Aufsatz)
- Kretschmer, **Jura** 2010, 468 (Fall mit erläuterter Lösung)

Lektion 3: Diebstahl mit Waffen u.a., § 244

A. Einordnung

Bei § 244 handelt es sich im Gegensatz zu § 243 um eine echte *Qualifikation*, also um einen eigenen Tatbestand. Nachfolgend sollen nur die für Klausuren *wichtigsten* Qualifikationstatbestände des § 244 erläutert werden.

B. Diebstahl mit Waffen, § 244 I Nr. 1a)

Bei § 244 I Nr. 1a) genügt das bloße Mitführen einer Waffe oder eines gefährlichen Werkzeugs durch den Täter.

Waffen sind dabei neben den Schusswaffen (Pistole und Gewehr) auch die sonstigen Waffen im technischen Sinn (vgl. § 1 WaffG).

Beispiel 1: Handgranate, Gaspistole, Schlagstock, Schlagring, Totschläger, Springmesser, Dolch, Degen, Gummiknüppel.

In einer Grundsatzentscheidung hat der Große Senat des BGH nunmehr entschieden, dass auch mit *Platzpatronen geladene Schreckschusspistolen* unter den Waffenbegriff fallen, sofern der Luftstrahl vorne aus dem Lauf austritt. Begründet wurde diese Entscheidung mit der ebenfalls bestehenden großen Verletzungsgefahr, wenn die Pistole an empfindlichen Körperpartien angesetzt wird (dazu *Erb*, JuS 2004, 653).

Voraussetzung ist stets, dass die Waffe einsatzfähig ist. Eine Scheinwaffe oder eine ungeladene Schusswaffe fällt somit nicht unter Nr. 1a), aber eventuell unter 1b).

Weitaus größere Probleme bereitet die Definition des **gefährlichen Werkzeugs,** denn bei entsprechender Verwendung kann jeder Gegenstand gefährlich sein. Eine Ansicht versucht diesen Begriff dennoch rein objektiv bestimmen, da eben nur § 244 I Nr. 1b) eine entsprechende Verwendungsabsicht des Täters voraussetzt. Fraglich ist dann jedoch, was alles hierunter zu verstehen sein soll, denn objektiv gefährlich ist prinzipiell fast alles. Verlangt wird daher oftmals, dass das Werkzeug für den objektiven Betrachter *waffenähnlichen Charakter* habe (*Zieschang*, JuS 1999, 51).

Beispiel 2: Steine, Schraubenzieher, Salzsäure, Knüppel, Baseballschläger, Hammer.

Nach einer anderen Auffassung lässt sich der Begriff des gefährlichen Werkzeugs nicht allein objektiv bestimmen. Hinzukommen muss, dass der Täter dem Werkzeug durch eine **innere Verwendungsabsicht** eine Gefährlichkeit verleihe. Eine sinnvolle Abgrenzung von gefährlichen und nicht gefährlichen Werkzeugen sei anders nicht zu erzielen. Erst der *innere* Verwendungsvorbehalt in einer gefährlichen Weise mache auch das konkret mitgeführte Werkzeug gefährlich. Diese Auffassung scheint überzeugend. Sie vermeidet vor allem, dass die Strafbarkeit nach § 244 I Nr. 1a) zu weit ausgedehnt wird: Wer sich mit einem einfachen Brecheisen Zugang zu einem Lager verschafft, müsste nach der ersten Ansicht nunmehr nach § 244 bestraft werden. Gleiches müsste wohl gelten, wenn der Täter in einem Supermarkt eine Tafel Schokolade stiehlt und dabei (zufällig) ein Taschenmesser bei sich führt (siehe sogleich). Der Täter muss folglich nach richtiger Auffassung, um § 244 I Nr. 1a) zu verwirklichen, dem mitgeführten Gegenstand durch einen entsprechenden Widmungsakt erst die Qualität eines gefährlichen Werkzeugs verleihen, indem er bereit ist, den Gegenstand „notfalls" in einer Weise zu verwenden, die § 224 I Nr. 2 erfüllen würde (siehe dazu auch *Rönnau*, JuS 2012, 117).

Die Rechtsprechung hat zu dieser Frage noch keine abschließende Entscheidung getroffen, allerdings in der

Tendenz bei § 250 I Nr. 1a) auch auf die Art der Verwendung im Einzelfall abgestellt. Insofern liegt auch hier wohl eine konkret-subjektive Betrachtung vor, da bei § 244 I Nr. 1a) nichts anderes als bei § 250 I Nr. 1a) gelten kann.

> Der Täter muss die Waffe oder das Werkzeug **bei sich führen.** Dieses Merkmal ist unproblematisch erfüllt, wenn der Täter die Waffe oder das Werkzeug während der Tatausführung bei sich trägt, diese erst während der Tatausführung ergreift oder die Waffe aus der Beute stammt.

Problematisch sind jedoch die Fälle, in denen die Waffe etwa draußen im Wagen liegt, während der Täter im Haus einen Diebstahl begeht.

> Laut BGH ist ein Beisichführen zu bejahen, wenn die Waffe dem Täter während des Tathergangs **zur Verfügung steht**, d.h. so in seiner räumlichen Nähe ist, dass er sich ihr jederzeit, also ohne nennenswerten Zeitaufwand und ohne besondere Schwierigkeiten bedienen kann (BGHSt 31, 105).

Eine gewisse räumliche Distanz ist daher unschädlich. Nr. 1a) ist jedenfalls erfüllt, wenn der Täter die Waffe in einem Rucksack bei sich trägt. Dies gilt auch, wenn die Waffe ungeladen ist, sich in dem Rucksack aber auch die passende Munition findet.

Nicht ganz unzweifelhaft sind auch die Fälle, in denen der Täter die Waffe erst nach *Vollendung* aber vor *Beendigung* der Tat bei sich führt.

Beispiel 3: D steckt im Haus des B eine goldene Münze ein. Bevor er das Haus verlässt, ergreift er eine Pistole und geht damit aus dem Haus. Ist Nr. 1 a) erfüllt?

Lösung: Es stellt sich die Frage, ob in einem solchen Fall Nr. 1a) noch bejaht werden kann. Die Rechtsprechung als auch die hL nehmen dies an, da ein Täter, der erst während der Flucht eine Waffe bei sich führe, ebenso gefährlich sei. Diese Ausweitung erscheint jedoch fraglich, insbesondere, da so die besonderen Voraussetzungen des § 252 unterlaufen werden könnten. Es gilt zu beachten, dass der Diebstahl mit der Wegnahme bereits vollendet ist. Die Tathandlung ist folglich abgeschlossen. Daher ist es gut vertretbar, die Nr. 1a) in solchen Fällen abzulehnen und lediglich § 252 zu prüfen (siehe *Rengier*, JuS 1993, 462).

Umstritten ist ferner, ob § 244 I Nr. 1 a) **telelogisch zu reduzieren** ist, wenn der Täter **Berufswaffenträger** (Soldat, Polizist, privater Sicherheitsdienst) ist.

Beispiel 4: Polizist P, der wie immer seine Dienstpistole bei sich trägt, wird zu einem Einbruch gerufen. Als ihn gerade niemand beobachtet, steckt er eine goldene Münze ein.

Lösung: Hier ist zu diskutieren, ob der Berufswaffenträger P § 244 I Nr. 1 a) erfüllt hat. Eine Ansicht verneint dies und will den Tatbestand teleologisch reduzieren. Dagegen spricht jedoch u.a., dass die Verfügungsmöglichkeit über eine Waffe während des Diebstahls zu einer erhöhten Gefährlichkeit des Täters führt (*Geppert*, Jura 1992, 498).

Hinweis: Obige Frage ist auch zu diskutieren, wenn ein Angestellter eines *privaten* Sicherheitsdienstes eine Waffe (Gaspistole, Messer, Schlagstock etc.) bei sich trägt!

C. Diebstahl mit einem sonstigen Mittel, § 244 I Nr. 1b)

Als Werkzeuge kommen in § 244 I Nr. 1b) solche in Betracht, die nicht unter Nr. 1a) fallen.

Insgesamt werden hier solche Gegenstände erfasst, die nach ihrer **Art und dem Verwendungszweck** in der konkreten Situation dazu geeignet sind, Widerstand durch Gewalt oder durch Drohung mit Gewalt zu verhindern oder zu überwinden.

Auf eine objektive Gefährlichkeit des Gegenstandes kommt es *nicht* an, lediglich die Geeignetheit als Drohmittel ist entscheidend. Somit sind von der Nr. 1b) unstreitig auch **Scheinwaffen** erfasst.

Beispiel 5: Ungeladene echte Waffe; echt wirkendes Plastikmesser; Schreckschuss- oder Kinderpistolen.

Nach überwiegender Auffassung ist § 244 I Nr.1b) auch dann erfüllt, wenn das Opfer *erkennt*, dass es sich um eine Scheinwaffe handelt.

Hinweis: Wessels hingegen verneint hier die typische Folge der „Todesangst" beim Opfer und will daher § 244 I Nr. 1b) in solchen Fällen ablehnen. Allerdings findet diese Auffassung keine Stütze im Gesetzeswortlaut; ihr sollte daher nicht gefolgt werden.

Nr. 1b) bildet somit in gewisser Weise einen „Auffangtatbestand" zu Nr. 1a). Auch hier muss der Täter den Gegenstand aber bei sich führen (s.o.). Zusätzlich verlangt wird jedoch ausdrücklich eine **Verwendungsabsicht** des Täters. Er muss die Absicht haben, den Widerstand einer anderen Person durch Gewalt oder Drohung mit Gewalt zu verhindern oder zu überwinden. Es handelt sich hierbei somit ebenfalls um eine besondere subjektive Voraussetzung.

Problematisch ist, inwieweit auch völlig **harmlose Gegenstände** von Nr. 1b) erfasst sind, die nur aufgrund einer zusätzlichen Täuschung des Täters als Drohmittel geeignet sind.

Beispiel 6: A drückt dem B einen „Labello" in den Rücken, um den Lauf einer Pistole zu simulieren (vgl. BGH NJW 1996, 2663). Ist Nr. 1 b) erfüllt?

Lösung: Hier wäre das Drohmittel selbst, könnte es der B sehen, völlig wirkungslos. Erst durch die zusätzliche Täuschungshandlung des A entsteht eine Drohwirkung. Die Rechtsprechung verneint daher zu Recht die Nr. 1b), da hier der Gegenstand selbst völlig ungefährlich ist und erst die überwiegende Täuschungshandlung des A die Drohwirkung herbeiführt. Insoweit ist in derartigen Fällen zu untersuchen, ob überwiegend eine Täuschung oder eher das bedrohliche Aussehen des Gegenstands die Drohwirkung verursacht hat.

48

D. Bandendiebstahl, § 244 I Nr. 2

Unter einer **Bande** versteht man den Zusammenschluss von mindestens drei (a.A.: zwei) Personen, die sich zur Begehung mehrerer, selbständiger Taten verabredet haben.

Dabei gilt die Strafschärfung nur für *Bandenmitglieder.* Erforderlich ist außerdem, dass die konkrete Tat unter Mitwirkung eines weiteren Bandenmitglieds begangen wird.

Ein **Mitwirken** liegt dabei vor, wenn zwei Bandenmitglieder als Mittäter oder als Täter und Teilnehmer am Tatort einen Diebstahl begehen.

Darüber hinaus ist nach der neueren Rechtsprechung des BGH unter der Voraussetzung, dass zwei Bandenmitglieder zusammenwirken, auch ein *drittes* Bandenmitglied erfasst, das selbst zwar gar nicht vor Ort, jedoch trotzdem als Mittäter einzustufen ist (der sogenannte Bandenchef, vgl. BGHSt 46, 321).

Fraglich bleibt, ob es auch ausreicht, wenn lediglich ein Bandenmitglied vor Ort auftaucht. Der BGH bejaht dies angesichts der modernen „Bandenorganisation" und lässt es ausreichen, wenn das andere Mitglied lediglich als Gehilfe mitwirkt (*Altenhain*, Jura 2001, 841).

E. Wohnungseinbruchdiebstahl, § 244 I Nr. 3

§ 244 I Nr. 3 ähnelt vom Wortlaut her dem § 243 I Nr. 1. § 244 I Nr. 3 erfasst jedoch nur *Wohnungen*, da diese nach Ansicht des Gesetzgebers aufgrund der hohen psychischen Belastung für das Opfer im Falle eines Einbruchs eine eigene Qualifikation erfordern.

49

Unter einer **Wohnung** versteht man dabei solche Räumlichkeiten, die Menschen zur ständigen Benutzung dienen und nicht primär Arbeitsräume sind. Nach h.M. fallen auch vorübergehend genutzte Hotelzimmer, Campingbusse und Zelte darunter.

Beispiel 7: Wenn der Täter zunächst ein Garagentor aufbricht und dann über eine Verbindungstür in die Wohnung gelangt, müsste diskutiert werden, ob diese Garage *als Teil der „Wohnung"* (dann: § 244 I Nr. 3) oder nur als *„umschlossener Raum"* (dann: § 243 I 2 Nr. 1) zu begreifen ist. Mit Verweis auf den Normzweck des § 244 I Nr. 3 (Schutz der Privatsphäre) könnte hier § 244 I Nr. 3 bejaht werden.

Prüfungsschema: Der Diebstahl mit Waffen u.a., § 244

I. Grundtatbestand: Diebstahl, § 242
Tatbestand, Rechtswidrigkeit, Schuld
II. Qualifikationsmerkmale
1. Diebstahl mit Waffen, § 244 I Nr. 1a)
2. Diebstahl mit sonst. Mittel, § 244 I Nr. 1b)
3. Bandendiebstahl, § 244 I Nr. 2
4. Wohnungseinbruchdiebstahl, § 244 I Nr. 3
III. Vorsatz
IV. Rechtswidrigkeit
V. Schuld

▶ **Literatur zu dieser Lektion**

📖 Skript Standardfälle Strafrecht für Fortgeschrittene, Fälle 2 und 5
📖 Erb, **JuS** 2004, 653
📖 Fahl, **Jura** 2012, 593 (gefährliches Werkzeug)
📖 Jäger, **JuS** 2000, 651 (Grundlagen zu § 244)
📖 Krüger, **Jura** 2012, 887 (gefährliches Werkzeug)
📖 Kudlich, **JA** 2015, 551 (Fall zur Bande)
📖 Lotz/Reschke, **Jura** 2012, 481 (Fall)
📖 Morgenstern, **Jura** 2011, 146 (Fall)
📖 Oglakcioglu, **Jura** 2012, 770 (Bandendiebstahl)
📖 Rönnau, **JuS** 2012, 117 (gefährliches Werkzeug)
📖 Zopfs, **Jura** 2007, 510 (Aufsatz)

Lektion 4: Die Unterschlagung, § 246

A. Einordnung

§ 246 I schützt anders als der Diebstahlstatbestand (§ 242 I) nur das *Eigentum* und nicht den Gewahrsam. Eine *Wegnahme* und damit ein Gewahrsamsbruch ist bei § 246 I – im Gegensatz zu § 242 – gerade *nicht* erforderlich. Vielmehr greift § 246 I insbesondere dann ein, wenn sich jemand eine Sache zueignet, an der er bereits Gewahrsam *hat*.

Beispiel 1: A leiht dem B seine goldene Uhr. B verkauft die Uhr an C. Hier hat B sich die Uhr durch den Verkauf zwar zugeeignet, jedoch keinen Gewahrsam gebrochen. Denn wegen der „Leihe" war er selbst bereits Gewahrsamsinhaber. Gegeben ist daher nicht § 242, sondern § 246.

In § 246 I ist zudem ausdrücklich angeordnet, dass die Unterschlagung subsidiär zurücktritt, sofern die Tat in anderen Vorschriften mit schwererer Strafe bedroht ist. Nach richtiger Ansicht gilt diese Subsidiarität jedoch nur für andere Zueignungsdelikte (Diebstahl, Raub etc.; anders aber BGHSt 43, 237).

In einer Klausur müssen diese Delikte folglich zuerst geprüft werden. Ist eines erfüllt, genügt ein kurzer Verweis, dass § 246 subsidiär zurücktritt.

B. Objektiver Tatbestand

Der objektive Tatbestand verlangt das Vorliegen einer *fremden beweglichen Sache*. Hier ergeben sich keine Besonderheiten gegenüber § 242 I. Das Diebstahls-Tatbestandsmerkmal „Wegnahme" gibt es in § 246 I aber nicht, weil § 246 I wie gesagt keine Wegnahme voraussetzt!

C. Rechtswidrige Zueignung

Anders als § 242 I verlangt § 246 I eine *objektiv vorliegende Zueignung*. Neben dem *Zueignungswillen* muss also auch eine **objektive Manifestation** des Zueignungs-willens gegeben sein.

Es ist sicherlich etwas ungewohnt, den Zueignungswillen bereits im objektiven Tatbestand zu prüfen. Dies ist jedoch eine Konsequenz aus der Tatsache, dass § 246 eine objektive Zueignung verlangt.

I. Zueignungswille

Dieser Wille entspricht im Wesentlichen der Zueignungs-absicht im Rahmen des § 242 I. Auch hier ist der Wille einer dauerhaften *Enteignung* und einer zumindest kurz-zeitigen *Aneignung* erforderlich. Anders als § 242 I ver-langt § 246 I jedoch keine Zueignungs*absicht*. Insofern ist auch im Bereich der Aneignung **jede Vorsatzform ausrei-chend.**

II. Manifestation des Zueignungswillens

Im Rahmen des § 246 I muss ein objektiver Zueignungsakt vorliegen. Das darf im Rahmen einer Fallbearbeitung auf keinen Fall übersehen werden (siehe auch *Küper*, Jura 1996, 206).

Manifestation des Zueignungswillens ist nach h.M. jede äußere Handlung des Täters, die einen objektiven Beobachter auf den Willen schließen lässt, dass der Täter den Eigentümer dauernd ausschließen (enteignen) und die Sache oder ihren Wert dem eigenen Vermögen (bzw. demjenigen eines Dritten) einverleiben (an- bzw. zueignen) will[3].

Wie auch bei § 242 ist die Erzielung eines entsprechenden Enteignungserfolges nicht erforderlich (weil regelmäßig ja auch rechtlich gar nicht möglich).

---

[3] Nach der **weiten Manifestationstheorie** genügen auch *äußerlich neutrale* Handlungen, wenn sie vom Zueignungsvorsatz getragen sind; die **enge Manifestationstheorie** verlangt eine Handlung, aus der ein objektiver Beobachter auf die Zueignungsabsicht schließen kann. Nach der vereinzelt vertretenen **Aneignungstheorie** ist die objektiv vorgenommene Aneignung der Sache notwendig. Die bloße Manifestation des Zueignungswillens reiche nicht aus. Die **Enteignungstheorie** verlangt sogar eine dauerhafte Enteignung.

Beispiel 2: S hat auf einer Parkbank eine verlorene Tasche gefunden. Er nimmt sie mit. Dabei hat er den Vorsatz, die Sache für sich zu behalten. Liegt eine Zueignung vor?

Lösung: Hier besteht unzweifelhaft der Zueignungs*wille*. Allerdings fehlt es an der *Manifestation* des Zueignungswillens, denn es ist für einen objektiven Beobachter von außen nicht erkennbar, ob der S die Sache für sich behalten oder aber wie ein rechtmäßiger Finder ins Fundbüro bringen möchte. Anders wäre es, wenn S die Tasche z.b. auf dem zufällig in der Nähe stattfindenden Flohmarkt verkaufen würde. Fallbeispiel bei *Chowdury/Meier/Schröder*, Standardfälle Strafrecht für Fortgeschrittene, Fall 3.

Klassische Fälle der Manifestation sind der Verzehr von Speisen, der Verbrauch oder die Verarbeitung der Sache (§ 950 BGB) und die Verbindung oder Vermischung, §§ 947 ff. BGB.

Zu beachten ist, dass eine Manifestation nur dann gegeben ist, wenn zwischen dem Täter (Selbstzueignung) bzw. dem Dritten (Drittzueignung) und der jeweiligen Sache eine gewisse **sachenrechtsähnliche Herrschaftsbeziehung** begründet wird. Es muss also irgendwie erkennbar sein, dass die Sache nunmehr einem bestimmten Vermögen zugeordnet wird. Daran fehlt es etwa, wenn jemand seiner Freundin aus Hamburg am Telefon irgendein Fahrrad eines Dritten aus Berlin schenkt.

Umstritten ist ferner die Frage, ob eine Drittzueignung voraussetzt, dass der **Dritte** mit der Vermögensmehrung **einverstanden** ist. Liegt also eine vollendete Unterschlagung vor, wenn T ein ihm nicht gehörendes Buch einfach in das Buchregal des F stellt, ohne dass dieser davon etwas bemerkt? Generell wird man auf Seiten des Dritten wohl eine entsprechende Kenntnis verlangen müssen, da dieser ansonsten gar nicht in der Lage ist, die erforderliche sachenrechtsähnliche Herrschaftsbeziehung zu begründen. Anders ist dies aber wohl bei den gesetzlichen Eigentumserwerbstatbeständen (§§ 946 ff. BGB). Das Vermögen wird ja in diesen Fällen ganz unabhängig vom

Willen des Dritten per Gesetz vermehrt. Wichtig ist in einer Klausur hier wieder eine Diskussion des Problems, ohne dass eine Lösung vorgegeben wäre.

III. Rechtswidrigkeit der Zueignung

> Die Zueignung muss **rechtswidrig** sein. Nicht rechtswidrig ist die Zueignung, wenn der Täter (wie bei § 242) einen fälligen, einredefreien Anspruch auf Übereignung der Sache hat.

Hier gelten die gleichen Grundsätze wie beim Diebstahl.

IV. Mehrfache Zueignung

Ein weiteres Problem im Rahmen des § 246 I ist die Frage, ob man sich ein und dieselbe Sache mehrfach zueignen kann.

Beispiel 3: Der T hat eine Ladung Holz gestohlen. Der L, der alles weiß, fordert T auf, sich daraus einen Tisch zu bauen. Dies tut T. Hat T sich gemäß § 246 strafbar gemacht, indem er den Tisch baute?

Lösung: Hier hatte T sich das Holz bereits durch den Diebstahl zugeeignet. Durch den Bau des Tisches (= Verarbeitung) hat er diesen Willen *erneut* manifestiert. Es stellt sich aber die Frage, ob eine *erneute Zueignung* überhaupt möglich ist. Dies hat insbesondere Auswirkungen auf die Strafbarkeit des L, der nur bei Bejahung einer Unterschlagung des T wegen Anstiftung bestraft werden kann (Grundsatz der Akzessorietät). In diesem Zusammenhang werden die *Tatbestandlösung* sowie die *Konkurrenzlösung* vertreten. Erstere geht davon aus, dass eine Zueignung tatbestandlich nur *einmal* möglich ist, da eine einmal einverleibte Sache schon logischerweise nicht beliebig oft erneut in das eigene Vermögen einverleibt werden könne. Dem widerspricht die Konkurrenzlösung. Sie will insbesondere auf diese Weise die Strafbarkeit möglicher Teilnehmer ermöglichen. Bezüglich der Tat des Haupttäters (hier T) soll eine *mitbestrafte Nachtat* vorliegen, die bei diesem hinter seinem Erstdelikt (Diebstahl) auf Konkurrenzebene zurücktritt. In der Klausur sollte man sich nicht zu lang fassen und einer der beiden vertretbaren Ansichten folgen. Nennen sollte man sie aber auf alle Fälle. Fallbeispiel bei *Chowdury/Meier/Schröder*, Standardfälle Strafrecht für Fortgeschrittene, Fall 3.

D. Vorsatz

Der Vorsatz muss sich wie üblich auf alle objektiven Merkmale (fremde bewegliche Sache), auf die Zueignung und ihre Rechtswidrigkeit beziehen.

E. Veruntreuung (§ 246 II)

Die Veruntreuung des § 246 II stellt eine **Qualifikation** der einfachen Unterschlagung dar. Sie setzt voraus, dass die fremde Sache dem Täter zuvor *anvertraut* war. Beim Anvertrautsein handelt es sich um ein besonderes persönliches Merkmal iSd § 28 II.

Anvertraut ist eine Sache dann, wenn sie der Täter vom Eigentümer oder von einem Dritten mit der Verpflichtung erlangt hat, sie zu einem bestimmten Zweck zu verwenden, aufzubewahren oder auch nur zurückzugeben. Hierauf muss sich auch der Vorsatz des Täters beziehen.

Beispiel 4: Anvertraut ist eine Sache z.B., wenn ein Miet-, Leih- oder Verwahrungsvertrag bestand.

Prüfungsschema: Die Unterschlagung, § 246

I.	**Objektiver Tatbestand**	
	1.	Fremde bewegliche Sache
	2.	eventuell: Anvertrautsein, § 246 II
II.	**Rechtswidrige Zueignung**	
	1.	Zueignungswille
	2.	Objektive Manifestation der Zueignung
	3.	Rechtswidrigkeit der Zueignung
III.	**Vorsatz**	
IV.	**Rechtswidrigkeit**	
V.	**Schuld**	
VI.	**Ggf. Anträge gemäß §§ 247, 248a**	

> ▶ **Literatur zu dieser Lektion**

📖 Standardfälle Strafrecht für Fortgeschrittene, Fall 3
📖 Otto, **Jura** 2005, 100 (Aufsatz)
📖 Haustein, **JA** 2015, 351 (Anfängerklausur)
📖 Heghmanns, **JuS** 2003, 954 (zur Subsidiarität)
📖 Lange/Trost, **JuS** 2003, 961
📖 Cantzler, **JA** 2001, 567
📖 Mitsch, **JuS** 2007, 555 (Fall)
📖 Maier/Ebner, **JuS** 2007, 651 (Fall)
📖 Bergmann/Rensch, **Jura** 2012, 553

Lektion 5: Der Raub, § 249

A. Einordnung

Der Raub besteht aus einer **Kombination von Diebstahl (§ 242) und einer qualifizierten Nötigung (§ 240).** Er setzt voraus, dass ein Diebstahl begangen wird, bei dem zur Verwirklichung der Wegnahme Gewalt oder eine Drohung eingesetzt wird. Subjektiv verlangt § 249 ebenso wie § 242 Zueignungsabsicht, wobei nunmehr auch hier die Drittzueignung erfasst ist.

B. Objektiver Tatbestand

Der objektive Tatbestand verlangt die Wegnahme einer fremden beweglichen Sache unter Anwendung einer qualifizierten Nötigung.

B. Objektiver Tatbestand

> **I. Fremde bewegliche Sache**
> **II. Wegnahme**
> **III. Personengewalt oder Drohung für Leib und Leben**
> **IV. Finalzusammenhang**

I. Fremde bewegliche Sache, Wegnahme

Hier gelten gegenüber dem Diebstahl keine Besonderheiten (s.o.).

II. Nötigungselement

Es muss **Gewalt** gegen eine Person oder eine **Drohung** mit einer gegenwärtigen Gefahr für Leib oder Leben vorliegen.

1. Gewalt gegen eine Person

Gewalt gegen eine Person liegt bei jeder körperlichen Tätigkeit vor, durch die körperlich wirkender Zwang erzeugt wird, um einen geleisteten oder erwarteten Widerstand zu überwinden.

Erforderlich ist, dass eine unmittelbare oder mittelbare Einwirkung auf einen anderen vorliegt (auch Tötung, siehe *Biletzki*, JA 1997, 385). Gewalt gegen Sachen allein reicht im Rahmen des § 249 grundsätzlich nicht aus. Lediglich dann, wenn sich diese Sachgewalt mittelbar gegen eine andere Person wendet, liegt dennoch Gewalt gegen eine andere Person vor.

Beispiel 1: A zerstört das Schaufenster eines Juweliers und entwendet darin befindlichen Schmuck. Ist ein Raub (§ 249) gegeben?

Lösung: Hier liegt lediglich Gewalt gegen eine andere Sache und damit kein Raub vor. Anders wäre es zu beurteilen, wenn A den Juwelier auffordert, die Kasse zu öffnen und dabei, um seiner Forderung Nachdruck zu verleihen, ein Fenster zerschlägt. Dann würde sich die Gewalt zumindest mittelbar auch gegen den Juwelier und damit gegen eine andere Person richten. Anerkannt ist ferner das *Einsperren des Opfers* in einen anderen Raum als mittelbare Personengewalt.

Klausurrelevant sind auch die sogenannten „**Handtaschenfälle**".

Beispiel 2: A nähert sich mit seinem Fahrrad von hinten einer älteren Dame, die eine Handtasche über der Schulter trägt. Als er neben ihr fährt, greift er sich schnell den Riemen der Tasche und schnappt sie sich, noch bevor die Dame zu einer Abwehrreaktion fähig ist. Raub gemäß § 249?

Lösung: Es stellt sich die Frage, ob Gewalt gegen eine andere Person zu bejahen ist. Der A nutzt hier aber lediglich das **Überraschungsmoment** aus, das durch sein plötzliches Auftauchen eintritt. Der A wollte somit einen Widerstand gar nicht überwinden, sondern ihn durch sein Verhalten gänzlich vermeiden. Daher scheidet ein Raub mangels

Personengewalt aus. Es bleibt bei einer Strafbarkeit wegen Diebstahls, § 242.

Anders sind die Fälle, in denen das Opfer die Tasche festhält und der Täter sie ihm entreißt. Dann wiederum prägt die den Widerstand überwindende Kraft des Täters das Geschehen, so dass Gewalt zu bejahen wäre. Als Grundschema kann man sich somit merken, dass Gewalt immer dann ausscheidet, wenn die Tat durch **List** und *Ausnutzen eines Überraschungsmomentes* geprägt ist. Zu beachten ist, dass die körperliche Zwangswirkung nicht unbedingt vom Opfer empfunden werden muss. Vielmehr ist Gewalt auch gegen *Schlafende* oder *Bewusstlose* denkbar. Zu beachten ist jedoch, dass der Täter davon ausgehen muss, dadurch einen eventuell noch auftretenden Widerstand zu überwinden.

Beispiel 3: Einsperren eines Schlafenden mit dem Ziel, die Wohnung zu plündern.

2. Drohung

Drohung ist das ausdrückliche oder konkludente Inaussichtstellen eines Übels, auf das der Drohende Einfluss hat oder zu haben vorgibt. Gedroht werden muss beim Raub mit einer gegenwärtigen Gefahr für *Leib oder Leben*.

Es kommt insoweit nicht jede Drohung in Betracht (dann aber eventuell § 240 in Idealkonkurrenz zu § 242). Die Drohung muss vom Opfer ernstgenommen werden, während es unerheblich ist, ob der Drohende dies tut. Er muss nur wollen, dass das Opfer an sie glaubt. Die Drohung kann sich auch an dritte Personen richten, etwa solche, die das Opfer begleiten.

Beispiel 4: A hält dem Tankstellenbetreiber T eine Waffe an die Schläfe.

Beispiel 5: A sagt zu T: „Ich bringe dich um!"

III. Finale Verknüpfung

Der Raubtatbestand verlangt ferner eine **finale Verknüpfung** zwischen der Wegnahme und dem Nötigungsmittel. Das heißt, dass der Täter die Nötigung einsetzen muss, um damit die Wegnahme zu ermöglichen. Raub muss daher ausscheiden, wenn der Täter erst *nach* der Wegnahme Gewalt anwendet oder aber erst *nach* der Gewaltanwendung den Entschluss fasst, eine Wegnahme zu begehen.

Beispiel 6: X verprügelt den T. Als dieser bewusstlos ist, entdeckt er dessen Geldbörse und nimmt sie mit. Raub gemäß § 249?

Lösung: Hier kommt ein Raub nicht in Betracht, da X die Gewalt nicht eingesetzt hat, um die Wegnahme zu ermöglichen. Tatsächlich hat X lediglich die zuvor ausgeübte Gewalt ausgenutzt. Es liegt daher nur eine Körperverletzung in Tatmehrheit mit Diebstahl vor (die Bewusstlosigkeit schließt den Gewahrsam des Opfers nicht aus).

Anders ist es jedoch, wenn die ausgeübte Gewalt noch fortbesteht und in den Dienst der Wegnahme gestellt wird.

Beispiel 7: X sitzt nach der Gewaltanwendung auf dem benommenen T. Jetzt nimmt er dessen Geldbörse an sich und verschwindet. Raub?

Lösung: Hier besteht die Gewalt des X noch fort (er sitzt auf dem T). Diese nutzt er zur Wegnahme aus. Er erfüllt damit den Raubtatbestand (in Tatmehrheit mit einer Körperverletzung).

Zu beachten ist ferner, dass es an der finalen Verknüpfung auch dann fehlt, wenn der Täter bei der Nötigung lediglich die Wegnahme eines bestimmten Gegenstandes plant, dann jedoch einen völlig anderen an sich nimmt. Hierbei ist darauf abzustellen, ob die Änderung der Sache (und damit des Vorsatzes) **wesentlich** ist.

Beispiel 8: X nimmt nach der Gewaltanwendung statt der geplanten 200 Euro einen Betrag von 300 Euro weg. Finalzusammenhang?

Lösung: Man wird hier wegen unwesentlicher Änderung von einer finalen Verknüpfung ausgehen müssen.

Beispiel 9: X hat es auf ein bestimmtes Bild abgesehen und nimmt nach der Gewaltanwendung, als er es nicht findet, 300 Euro mit. Ist der Finalzusammenhang gegeben?

Lösung: Hier sind Zweifel an der finalen Verknüpfung angebracht. Bezüglich des Geldes nutzt der X die vorherige Gewaltanwendung nur aus. Es liegt daher bezüglich des Bildes lediglich ein Raubversuch vor, der mit einem Diebstahl (des Geldes) konkurriert.

Nach überwiegender Auffassung ist es zudem nicht erforderlich, dass die Nötigung tatsächlich kausal für die Wegnahme wurde. Es genügt, dass der Täter die Vorstellung hatte, hierdurch die Wegnahme zu fördern.

C. Subjektiver Tatbestand

Der *Vorsatz* des Täters muss vorliegen bezüglich des Einsatzes des Nötigungsmittels und der Wegnahme einer fremden beweglichen Sache. Weiterhin muss der Vorsatz den Finalzusammenhang zwischen der Nötigung und der Wegnahme umfassen, d.h. aus Tätersicht muss der Einsatz des Nötigungsmittels im Dienste der Wegnahme stehen. Bezüglich der *Absicht rechtswidriger Zueignung* kann auf die Ausführungen zum Diebstahl verwiesen werden.

D. Der Versuch

Raub ist wegen seiner Strafandrohung ein **Verbrechen** (§ 12 I), der Versuch mithin gemäß § 23 strafbar. Ein Versuch liegt dann vor, wenn der Täter zur erforderlichen Nötigung unmittelbar ansetzt (siehe *Fahl*, JA 1997, 635). Das Ansetzen *zur Wegnahme* allein genügt nicht, da der Raub gerade durch den Einsatz des qualifizierten Nötigungsmerkmals gekennzeichnet ist. Es ist jedoch erforderlich, dass der Tatplan vorsieht, dass unmittelbar nach der Gewaltanwendung auch mit der Wegnahme begonnen werden soll. Ein Versuch liegt auch dann vor, wenn der Täter seine Zueignungsabsicht auf bestimmte Gegenstände konkretisiert, diese aber nicht vorfindet und daher letztlich wesentlich andere Gegenstände wegnimmt. In einem solchen Fall liegt ein versuchter Raub in Realkonkurrenz zu einem Diebstahl vor.

Prüfungsschema: Der Raub, § 249

I.	**Objektiver Tatbestand**
	1. Fremde bewegliche Sache
	2. Wegnahme
	3. Gewalt gegen eine Person oder Drohung mit gegenwärtiger Gefahr für Leib oder Leben
	4. Gewalt oder Drohung als Mittel zur Wegnahme (Finalzusammenhang)
II.	**Subjektiver Tatbestand**
	1. Vorsatz bezüglich I
	2. Zueignungsabsicht (wie beim Diebstahl) einschließlich der Rechtswidrigkeit und entsprechender Vorsatz
III.	**Rechtswidrigkeit**
IV.	**Schuld**
V.	**Ggf. Qualifikationen, §§ 250, 251**

▶ **Literatur zu dieser Lektion**

📖 Standardfälle Strafrecht für Fortgeschrittene, Fälle 5 und 6
📖 Bachmann/Goeck, **Jura** 2012, 133
📖 Ensenbach, **Jura** 2011, 787 (Fall)
📖 Hertel, **Jura** 2011, 390 (Fall)
📖 Hohn, **JuS** 2004, 982
📖 Kasiske, **Jura** 2012, 736 (Fall)
📖 Kinzig/Linke, **JuS** 2012, 229 (Fall)
📖 Kretschmer, **Jura** 2006, 219 (Fall)
📖 Ladiges/Glückert, **Jura** 2011, 552 (Fall)
📖 Lotz/Reschke, **Jura** 2012, 481 (Fall)
📖 Mitsch, **JuS** 2007, 555 (Fall)
📖 Rönnau, **JuS** 2012, 888 (Raub/räuberische Erpressung)
📖 Schramm/Schubert, **JA** 2015, 263 (Fortgeschrittenenklausur)
📖 Schwab, **JuS** 2015, 621 (Fall)
📖 Seher, **JuS** 2007, 132 (Fall)
📖 Streng, **JuS** 2007, 422 (Fall)

Lektion 6: Der schwere Raub, § 250

A. Einordnung

§ 250 enthält eine **Qualifikation** des Raubtatbestandes. Er ähnelt dem § 244, der eine Qualifikation des Diebstahls darstellt. So stimmen § 244 I Nr. 1a) und 1b) mit § 250 I Nr. 1a) und 1b) vollständig überein.

Merken sollte man sich unbedingt, dass § 250 durch den Verweis „**gleich einem Räuber zu bestrafen**" auch beim räuberischen Diebstahl (§ 252, siehe Lektion 8) und bei der räuberischen Erpressung (§ 255, siehe Lektion 11) zu berücksichtigen ist.

B. § 250 I Nr. 1a), 1b), Nr. 2

Es kann auf die Ausführungen zu § 244 I Nr. 1a), 1b), Nr. 2 verwiesen werden. So sind von § 250 I Nr. 1a) nunmehr auch geladene Schreckschusspistolen umfasst, da auch bei diesen ein hohes Gefährdungspotenzial besteht. Nr. 1b) wird auch durch Scheinwaffen erfüllt, soweit deren Drohwirkung nicht hauptsächlich auf einer Täuschungshandlung des Täters beruht.

C. § 250 I Nr. 1c)

Diese Qualifikation findet sich in § 244 I nicht. Sie verlangt, dass der Täter eine andere Person *vorsätzlich* durch die Tat in die *konkrete Gefahr* einer schweren Gesundheitsschädigung bringt. Es handelt sich somit nicht um ein erfolgsqualifiziertes Delikt iSd § 18. *Fahrlässige* Herbeiführung genügt folglich nicht.

Durch die Tat ist die Gesundheitsschädigung dann verursacht, wenn sie aus dem Einsatz der Raubmittel oder der Wegnahme resultiert. Eine schwere Gesundheitsschädi-

63

gung setzt keine schwere Körperverletzung iSd § 226 I Nr. 1-3 voraus, sondern es genügt eine lange und einschneidende Beeinträchtigung der Gesundheit.

D. § 250 II

§ 250 II enthält weitere Qualifikationen mit erhöhter Mindeststrafe. Dabei setzt die Nr. 1 eine *tatsächliche Verwendung* einer Waffe oder eines gefährlichen Werkzeugs iSd § 250 I Nr. 1a) (nicht: 1b) !) voraus. Dieser Gegenstand muss als Droh- oder Gewaltmittel eingesetzt werden. Die Nr. 2 verlangt lediglich das *Beisichführen* einer Waffe. Nr. 3a) verlangt eine schwere körperliche Misshandlung und 3b), als konkretes Gefährdungsdelikt, greift bei dem Eintritt einer Todesgefahr ein (an den Vorsatz denken!!).

Prüfungsschema: Der schwere Raub, § 250

I. Verwirklichung des Grunddelikts (§ 249)
II. Qualifikationsmerkmale
III. Vorsatz bzgl. der Qualifikationsmerkmale
IV. Rechtswidrigkeit
V. Schuld

▶ **Literatur zu dieser Lektion**

📖 Bosch, **JA** 2007, 468 (Anmerkung)
📖 Ensenbach, **Jura** 2011, 787 (Fall)
📖 Erb, **JuS** 2004, 653 (Aufsatz)
📖 Hellmann, **JuS** 2003, 17 (Aufsatz)
📖 Hertel, **Jura** 2011, 390 (Fall)
📖 Jahn, **JuS** 2007, 583 (Anmerkung)
📖 Kasiske, **Jura** 2012, 736 (Fall)
📖 Ladiges/Glückert, **Jura** 2011, 552 (Fall)
📖 Mitsch, **JuS** 2007, 555 (Fall)

Lektion 7: Der Raub mit Todesfolge, § 251

A. Einordnung

Bei § 251 handelt es sich um ein **erfolgsqualifiziertes Delikt** (vgl. § 18). Anders als bei anderen erfolgsqualifizierten Delikten genügt eine fahrlässige Herbeiführung der Erfolgsqualifikation jedoch nicht. § 251 verlangt *wenigstens Leichtfertigkeit*, also grobe Fahrlässigkeit.

B. Gefahrverwirklichungszusammenhang

Zwischen dem Raub und dem Todeserfolg muss ein *spezifischer Gefahrzusammenhang* bestehen. Das heißt, dass sich in dem Todeserfolg gerade die **raubspezifische Gefahr** verwirklicht haben muss.

Beispiel 1: T raubt der S die Handtasche. Hierin befindet sich auch die Insulinspritze, die die S benötigt. S stirbt kurz darauf an einem Zuckerschock. Ist der spezifische Gefahrzusammenhang gegeben?

Lösung: Hier fehlt es an einem Gefahrzusammenhang. Der Tod der S tritt lediglich als Begleiterscheinung der Wegnahme auf und beruht nicht auf der durch die Nötigung gesetzten Gefahr. Es handelt sich lediglich um eine unerlaubte Erhöhung des allgemeinen Lebensrisikos. Davor schützen aber lediglich die §§ 212 ff. In Betracht kommt somit lediglich fahrlässige Tötung, § 222 (wobei hierbei die Erkennbarkeit für T problematisch ist).

Umstritten ist, ob eine Verwirklichung des § 251 noch in der **Beendigungsphase** des Raubes in Betracht kommt. Insbesondere die Rechtsprechung bejaht dies mit der Begründung, dass die Beutesicherungsphase ebenso gefährlich sei.

Beispiel 2: X raubt eine Bank aus und erschießt beim Verlassen der Bank leichtfertig zwei Personen. Ist § 251 gegeben?

Lösung: Die Rechtsprechung käme hier zu § 251. Diese Ansicht verwischt jedoch die Grenze zu § 252 (räuberischer Diebstahl). Insbesondere ist problematisch, dass das Gesetz eine Todesverursachung *durch den Raub* voraussetzt. Dieser ist aber mit der Wegnahme vollendet, so dass hier der Zusammenhang zwischen Todeserfolg und Erfolgsqualifikation fehlt. Der Rechtsprechung ist zwar zuzustimmen, dass Strafbarkeitslücken entstehen können, da § 252 eine *Beutesicherungsabsicht* verlangt und diese nicht immer bei dem Täter vorliegt. Diese Lücken kann jedoch lediglich der Gesetzgeber und nicht der Richter schließen. Insoweit ist die Möglichkeit der Verwirklichung des § 251 im *Beendigungsstadium* des § 249 abzulehnen. Richtigerweise kommen lediglich §§ 252, 222 in Betracht (siehe auch *Zöller*, JuS 1997, L 90).

C. Leichtfertigkeit

Der § 251 verlangt vom Täter *wenigstens leichtfertiges Handeln*. Auch die *vorsätzliche* Herbeiführung des Todes kann somit die Qualifikation erfüllen. Dies hat der Gesetzgeber 1998 durch das Einfügen des Wortes „wenigstens" klargestellt.

> **Leichtfertigkeit** verlangt grob fahrlässiges Handeln. Die grobe Fahrlässigkeit bezieht sich dabei auf den Sorgfaltsmangel (Pflichtwidrigkeit) und die Vorhersehbarkeit.

Die Leichtfertigkeit kann nicht allein deshalb angenommen werden, weil der Täter rechtswidrig und daher ohnehin verwerflich handelt. Dies würde die Voraussetzungen des § 251 unterlaufen. In einer Klausur ist insoweit eigenständige Argumentation gefragt. Mangelt es an dieser Leichtfertigkeit beim Täter, ist immer noch an die „einfache" fahrlässige Tötung gemäß § 222 zu denken.

D. Versuch

§ 251 ist wegen seiner Strafandrohung ein **Verbrechen** (§ 12 I), der Versuch mithin gemäß § 23 strafbar. Hierbei sind zwei Konstellationen zu unterscheiden: Zum einen kann die Wegnahme misslingen, die Todesfolge aber eintreten. Dann liegt ein sogenannter **erfolgsqualifizierter Versuch** des § 251 vor (§§ 251, 22). Dieser ist nach allgemeinen Regeln strafbar, da der Tod als Erfolgsqualifikation nicht auf einer vollendeten Wegnahme beruhen muss. Zum zweiten ist denkbar, dass der Raub gelingt, oder versucht wird, und, da das Gesetz von „wenigstens" spricht, die Erfolgsqualifikation lediglich versucht wird (sog. **Versuch der Erfolgsqualifikation**). Auch diese ist strafbar.

E. Konkurrenzen

Nicht vergessen werden dürfen bei vorsätzlicher Herbeiführung des Todes (Eventualvorsatz genügt) die Tötungsdelikte (§§ 211, 212), die regelmäßig in Tateinheit (§ 52) stehen. Verdrängt werden hingegen wegen Spezialität des § 251 regelmäßig die fahrlässige Tötung (§ 222) und eine etwaige Körperverletzung mit Todesfolge (§ 227).

Prüfungsschema: Der Raub mit Todesfolge, § 251

I.	**Verwirklichung des Grunddelikts (§ 249 und ggf. § 250)**
II.	**Eintritt des Todes**
III.	**Gefahrverwirklichungszusammenhang**
IV.	**Leichtfertigkeit des Täters bzgl. des Todeserfolges**

Aufbauhinweis: In der Klausur empfiehlt es sich, zunächst mit den Tötungsdelikten zu beginnen. Erst danach sollte man das Grunddelikt § 249 (einschließlich der Qualifikationen) und anschließend § 251 prüfen. Im Anschluss ist noch an § 222 zu denken, der eigenständige Bedeutung nur dann erlangt, wenn man die Leichtfertigkeit der Herbeiführung des Todes verneint.

> **Literatur zu dieser Lektion**

📖 Hörnle, **Jura** 2001, 44 (Fall)
📖 Kinzig/Linke, **JuS** 2012, 229 (Fall)
📖 Kühl, **Jura** 2002, 810 & 2003, 19 (Aufsatz)
📖 Lotz/Reschke, **Jura** 2012, 481 (Fall)

Lektion 8: Der räuberische Diebstahl, § 252

A. Einordnung

Der räuberische Diebstahl stellt ein sogenanntes **raubähnliches Sonderdelikt** dar. Der Täter setzt das Nötigungsmittel hier im Gegensatz zum Raub nicht zur Wegnahme, sondern zur *Sicherung des Gewahrsams* an der *bereits weggenommenen* Sache ein. Erforderlich ist, dass der Täter auf frischer Tat betroffen wird. Dies rechtfertigt es, den Täter gleich einem Räuber zu bestrafen, da es oftmals nur von Zufälligkeiten abhängt, ob der Täter vor oder nach Vollendung der Wegnahme Gewalt einsetzt.

Gemäß § 252 ist der Täter „**gleich einem Räuber**" zu bestrafen. Durch diesen Verweis sind die Qualifikationen der §§ 250, 251 eröffnet. Wer also bei dem räuberischen Diebstahl z.B. eine Waffe bei sich führt, macht sich strafbar gemäß §§ 252, 250 I Nr. 1a)!

B. Objektiver Tatbestand

Der objektive Tatbestand verlangt einen auf frischer Tat betroffenen Täter, der ein qualifiziertes Nötigungsmittel einsetzt.

B. Objektiver Tatbestand

I. Vortat: Diebstahl oder Raub
II. „Frische" Tat
III. Betroffensein
IV. Personengewalt oder Drohung für Leib und Leben

I. Vortat

Als **Vortat** kommt nicht nur der Diebstahl, sondern auch ein Raub in Betracht, der ja alle Diebstahlselemente enthält. Ein Betrug genügt jedoch nicht.

Hinweis: Dabei ist es unerheblich, ob der Diebstahl dem Antragserfordernis des § 247 unterliegt oder sich auf eine geringwertige Sache i.S.d. § 248a bezieht. Die Vortat muss jedoch *vollendet* sein. Das bedeutet, dass die Wegnahme bereits vollzogen sein muss. Nach richtiger Ansicht bestimmt dieser Vollendungszeitpunkt auch die Abgrenzung des § 252 zu § 249 oder § 242. Die Rechtsprechung hingegen sieht auch die Beendigungsphase des § 242 bzw. § 249 als qualifikationstaugliche Tatphase, um Strafbarkeitslücken zu vermeiden.

Aufbauhinweis: Es ist in jedem Fall zunächst das betreffende Wegnahmedelikt (§ 242 oder § 249) zu prüfen, bevor auf § 252 eingegangen wird!

II. „Frische" Tat

Erforderlich ist eine **frische Tat**. Dabei ist weitgehend anerkannt, dass diese jedenfalls dann nicht mehr vorliegt, wenn der Diebstahl *beendigt* ist. Der BGH als auch große Teile der Literatur grenzen jedoch noch weiter ein.

Erforderlich ist, dass zur Vortat ein **enger örtlicher und zeitlicher Zusammenhang** besteht. Der Täter muss sich grundsätzlich also noch in unmittelbarer Nähe zum Tatort befinden und alsbald nach der Tat betroffen werden.

Beispiel 1: Der BGH hat in einem Fall, in dem der Täter nach 50 km Autofahrt gegen eine andere Person Gewalt verübte (BGHZ 28, 224, 228), eine frische Tat verneint.

III. Betroffen

Das Gesetz verlangt ferner, dass der Täter **betroffen** wird. Dies ist etwa gegeben, wenn der Täter von einem Dritten in der Weise wahrgenommen wird, dass er als Tatverdächtiger ertappt oder entdeckt wird. Erfasst sind aber auch die Fälle, in denen der Dritte die Tat lediglich beobachtet oder akustisch wahrnimmt.

Streitig sind die Fälle, in denen der Täter dem Bemerkt-werden durch schnelles „Zuschlagen" zuvorkommt (dazu *Schünemann*, JA 1980, 398).

Beispiel 2: A hat in einem Supermarkt einen Diebstahl begangen (Gewahrsamsenklave des A und damit vollendete Wegnahme!), den Laden aber noch nicht verlassen. Ein weiterer Kunde kommt auf ihn zu, hat ihn aber noch nicht bemerkt. A schlägt ihn nieder, um nicht ertappt zu werden und rennt aus dem Laden. Ist § 252 gegeben?

Lösung: Hier stellt sich die Frage, ob § 252 vorliegt, obwohl der Dritte den Täter nicht von sich aus bemerkt hatte.

1) Die **Rechtsprechung** (etwa BGHZ 26, 97) und Teile der Literatur (etwa *Rengier*, BT I S. 145) bejahen dies. Das „Betroffenwerden" könne auch aus der Sicht des Täters bestimmt werden und könne dann auch so etwas wie *zusammentreffen* oder *begegnen* bedeuten. Es leuchte nicht ein, dass derjenige, der schon beim Diebstahl oder kurz nach Vollendung zuschlägt, wegen Raubes oder räuberischen Diebstahls bestraft wird, hiervon aber dann verschont werde, wenn er dem Bemerkt-werden durch frühzeitiges Zuschlagen zuvorkomme.

2) Dagegen wenden sich etwa *Wessels/Hillenkamp*. Der Wortsinn sei mit einem solchen Analogieschluss deutlich überschritten. „Betroffen" sei eben nicht, wer dem Betreffen *zuvorkomme*. Außerdem sei auch eine Differenzierung nicht völlig unsinnig, da der Täter, wenn er dem „Betreffen" zuvorkommen wolle, neben der Besitzerhaltungsabsicht in der Regel auch den Willen verfolge, nicht bloßgestellt und überführt zu werden (Selbstbegünstigungstendenz). Dies rechtfertige seine Privilegierung. In der Klausur sind beide Ansichten vertretbar.

IV. Nötigungsmittel

Die Nötigungsmittel entsprechen denen des Raubes. Insoweit kann auf die obigen Ausführungen verwiesen werden.

C. Subjektiver Tatbestand

Neben dem Vorsatz verlangt der subjektive Tatbestand die *Absicht* des Täters, *sich im Besitz der gestohlenen Sache zu erhalten*. Erforderlich ist somit eine *Besitzerhaltungsabsicht*.

70

C. Subjektiver Tatbestand

I. Vorsatz
II. Besitzerhaltungsabsicht

Besitzerhaltungsabsicht bedeutet: Dem Täter muss es primär darum gehen, eine Entziehung des gerade erlangten Gewahrsams zugunsten des Bestohlenen zu verhindern. Die Entziehung muss dabei unmittelbar bevorstehen, wobei allerdings ausreichend ist, wenn der Täter dies subjektiv annimmt.

Beispiel 3: A hat soeben einen Diebstahl vollendet und wird dabei von C bemerkt. Er glaubt, dass C versuchen wird, ihm die Sache wieder abzunehmen. Er schlägt ihn daher nieder. Tatsächlich wollte C schnell verschwinden, um keinen Ärger zu bekommen. Ist Besitzerhaltungsabsicht des A gegeben?

Lösung: Hier stand eine Besitzentziehung durch C zu keinem Zeitpunkt *objektiv* bevor. Es genügt jedoch, dass der A dies *subjektiv* annahm. Besitzerhaltungsabsicht lag somit vor.

Die **Besitzerhaltungsabsicht entfällt**, wenn es dem Täter zum Zeitpunkt der Nötigung nur noch darauf ankommt, sich gegen die Festnahme zu wehren oder er vor der Nötigung die Beute wegwirft und dann flieht.

Teile der Literatur bezeichnen insoweit die Besitzerhaltungsabsicht als eine Art „verlängerte" Zueignungsabsicht.

Hinweis: Hierin ist auch einer der Gründe zu sehen, warum der BGH die Verwirklichung des § 251 auch in der Beendigungsphase des Raubes für möglich hält. Regelmäßig fehlt es dem Täter hier nämlich an einer Besitzerhaltungsabsicht, so dass eine Bestrafung nach § 252 und damit auch die Qualifikationen („gleich einem Räuber") nicht in Betracht kommt.

D. Beteiligungsprobleme

Mittäter des § 252 kann jedenfalls derjenige sein, der bereits Mittäter des vorangegangenen Diebstahls/Raubes war. Problematisch ist jedoch, ob auch derjenige, der lediglich Beteiligter der Vortat war, auch (Mit)Täter des § 252 sein kann. Die Rechtsprechung bejaht dies. Hiergegen spricht jedoch, dass in diesen Fällen die Vergleichbarkeit mit dem Raub nicht gegeben ist, dass bei diesen Vortatbeteiligten allein die Nötigungskomponente vorliegt, die Diebstahlskomponente jedoch gänzlich fehlt (vor allem liegt regelmäßig nicht die den Raub und den Diebstahl prägende Zueignungsabsicht vor). Daher lehnt die hL in der Literatur eine (Mit)Täterschaft von lediglich Vortatbeteiligten im Rahmen des § 252 zu Recht ab.

Prüfungsschema: Der räuberische Diebstahl, § 252

I.	Diebstahl oder Raub als Vortat
II.	„Frische" Tat
III.	Betroffensein
IV.	Personengewalt oder Drohung für Leib und Leben
V.	Vorsatz
VI.	Besitzerhaltungsabsicht
VII.	Rechtswidrigkeit, Schuld
VIII.	Ggf. §§ 252, 250, 251 („gleich einem Räuber")

▶ **Literatur zu dieser Lektion**

📖 Baier, **JA** 2003, 107 (Aufsatz)
📖 Bülte/Becker, **Jura** 2012, 319 (Fall)
📖 Eisele, **JuS** 2015, 1043 (Fall)
📖 Küper, **Jura** 2001, 21 (zur Frage des Versuchs)
📖 Thoss, **Jura** 2002, 351 (Fall)
📖 Zöller, **Jura** 2007, 305 (Fall)

Lektion 9: Der räuber. Angriff auf Kraftfahrer, § 316a

A. Einordnung

Der § 316a darf im Rahmen einer Klausur, in der die §§ 249, 252, 255 eine Rolle spielen, nicht übersehen werden. Er schützt neben dem *Vermögen* auch die **Funktionsfähigkeit des Straßenverkehrs**. Erforderlich ist, dass der Täter einen Angriff auf Leib oder Leben oder die Entschlussfreiheit eines Kraftfahrers oder eines Mitfahrers verübt und dabei die **besonderen Verhältnisse des Straßenverkehrs** ausnutzt. Dabei muss der Täter die Absicht haben, eines der oben genannten Delikte zu verwirklichen. Auch bei § 316a handelt es sich also wieder um ein Delikt mit überschießender Innentendenz.

B. Objektiver Tatbestand

Der objektive Tatbestand verlangt einen Angriff und die Ausnutzung der besonderen Verhältnisse des Straßenverkehrs.

B. Objektiver Tatbestand

> **I. Angriff**
> **II. Ausnutzen der bes. Verhältnisse des Straßenverkehrs**

I. Angriff

Unter einem **Angriff** versteht man jede feindselige Einwirkung auf Leib, Leben oder Entschlussfreiheit. Das **Verüben** setzt dabei nicht voraus, dass die genannten Rechtsgüter auch tatsächlich verletzt werden.

Der Angriff muss sich *gegen* einen *Fahrer* oder *Mitfahrer* richten. Der Begriff „Angriff auf die Entschlussfreiheit" erfasst jede Form der *Nötigung*, aber auch *Täuschungen*.

Beispiel 1: A täuscht einen Unfall vor, um den X zum Anhalten zu bewegen. Er will ihn anschließend ausrauben. Hier liegt ein Angriff auf die Entschlussfreiheit (durch List) vor.

Beispiel 2: Der Angriff kann auch erfolgen durch Aufstellen falscher Halteschilder, Abgabe eines Schusses, Bedrohung des Taxifahrers mit einer (auch ungeladenen) Waffe, Verteilung von Nägeln auf der Fahrbahn oder das Errichten von Barrikaden, wodurch das Opfer zum Ausweichen gezwungen wird (Autofalle).

Der Angriff muss sich gegen den Führer eines KFZ oder gegen einen Mitfahrer richten. Führer in diesem Sinne ist dabei jeder, der das Kraftfahrzeug in Bewegung zu setzen beginnt, es in Bewegung hält oder allgemein mit dem Betrieb des Fahrzeugs und/oder mit der Bewältigung von Verkehrsvorgängen beschäftigt ist (BGH NJW 2005, 2564 f.). Sofern das Fahrzeug verkehrsbedingt anhält (etwa an der Ampel, an einer Bahnschranke), ändert dies grds. nichts an der Führereigenschaft. Unerheblich ist dabei, ob in einer solchen Situation der Motor noch läuft oder aber kurzfristig abgestellt wird, da der Fahrer jedenfalls die ganze Zeit das Verkehrsgeschehen im Auge haben muss, da es jederzeit weitergehen kann.

Etwas anderes gilt jedoch dann, wenn es sich um einen nicht verkehrsbedingten Halt handelt. Dann kommt es regelmäßig darauf an, ob der Motor noch läuft (dann Führer) oder nicht (dann kein Führer mehr).

Personen, die sich außerhalb des Fahrzeugs aufhalten, sind nach dieser neuen Rechtsprechung nicht als Führer anzusehen. § 316a scheidet dann also aus. Auch Mitfahrer kann man danach nur sein, wenn man sich in einem „geführten Fahrzeug" befindet.

Notwendig ist seit der Gesetzesänderung in 1998 ein *tatsächliches Verüben* dieses Angriffs. Bis dahin war § 316a als Unternehmensdelikt („Wer einen Angriff *unternimmt...*") ausgestaltet. Seitdem ist folglich auch ein Versuch des § 316a denkbar, wobei jedoch die Abgrenzung Versuch/ Vollendung Probleme bereitet, da eine tatsächliche Verletzung der genannten Rechtsgüter ja nicht erforderlich ist. Nach überwiegender Ansicht liegt eine Vollendung dann vor, wenn zumindest eine Einwirkung auf die genannten Rechtsgüter stattgefunden hat.

II. Besondere Verhältnisse des Straßenverkehrs

Der Täter muss bei dem Angriff die **besonderen Verhältnisse des Straßenverkehrs** ausnutzen. Dies ist der Fall, wenn der Täter sich eine Gefahrenlage zunutze macht, die sich typischerweise aus der Teilnahme am fließenden Verkehr und der ihm eigentümlichen Gefahren ergibt.

Diese erhöhte Gefahr folgt vor allem aus der Erschwerung der Flucht oder Gegenwehr für den Fahrer und die Mitfahrer. Die Tat muss somit in **enger Beziehung zur Benutzung des Fahrzeugs** als Verkehrsmittel stehen. Dieses Ausnutzen ist nach hL nicht nur im fahrenden, sondern auch im verkehrsbedingt kurzzeitig stehenden Fahrzeug möglich. Stets ist es aber erforderlich, dass das Opfer zum Zeitpunkt des Angriffs so mit der Beherrschung seines Kraftfahrzeugs oder mit der Bewältigung von Verkehrsvorgängen beschäftigt ist, dass er gerade deshalb leichter zum Angriffsobjekt eines Überfalls werden kann.

Beispiel 3: A hält an einer roten Ampel und lässt dabei den Motor laufen.

Beispiel 4: A hält an einer Bahnschranke und blättert währenddessen in einer Autozeitschrift.

Lösung: Im ersten Fall ist bei A die Ausnutzung der besonderen Verhältnisse des Straßenverkehrs anzunehmen. Es handelt sich um einen verkehrsbedingten Halt und die Aufmerksamkeit des A ist auf die Ampel gerichtet, so dass er leichter zum Angriffsobjekt werden kann (so auch ausdrücklich BGH NJW 2005, 2564). Demgegenüber wird man im Fall 4 keine solche Ausnutzung annehmen können. A konzentriert sich nicht besonders auf den Straßenverkehr, sondern liest in einer Zeitung. Daher ist hier § 316a wohl zu vereinen. In beiden Fällen, ist A aber als Führer eines KFZ anzusehen.

Im Falle eines Mitfahrers wird man ein Ausnutzen annehmen können, wenn dieser eine Fluchtmöglichkeit nur dann hat, wenn er sich oder andere gleichzeitig den besonderen Gefahren des fließenden Straßenverkehrs aussetzt. Im Übrigen ist vorher genau zu untersuchen, ob tatsächlich eine Mitfahrereigenschaft besteht, die ja an die Führereigenschaft des Fahrers gekoppelt ist.

Ein Entschluss des Täters, einen Raub erst nach dem Anhalten des Fahrzeugs zu begehen, führt nicht zu § 316a. Nichts anderes gilt, wenn der Täter das Anhalten zu anderen Zwecken herbeiführt und anschließend auch noch einen Raub begeht.

Nicht mehr von § 316a umfasst sind durch die neue Rechtsprechung die bisher so umstrittenen Fälle, in denen der Täter sein Opfer an einen einsamen Ort lockt, wo es nach Ende der Fahrt überfallen werden soll. Mit der Ankunft enden die verkehrsbedingten Vorgänge, so dass es bereits an einer Fahrer- oder Mitfahrereigenschaft des Opfers fehlt.

Überhaupt hat sich der „Anwendungsbereich" des § 316a durch die neue Rechtsprechung des BGH stark verringert, was angesichts seiner überhöhten Mindeststrafe zu begrüßen ist.

C. Subjektiver Tatbestand

Der subjektive Tatbestand verlangt Vorsatz und daneben auch die Absicht, einen der in § 316a genannten Tatbestände zu begehen. Erforderlich ist also auch die Zueignungsabsicht!

D. Versuch

Ein Versuch des § 316a liegt dann vor, wenn der Täter **zum Angriff unmittelbar ansetzt**. Unzureichend ist also etwa das Einsteigen in ein Taxi des Opfers, wenn die Fahrt noch länger dauern soll. Ein strafbefreiender Rücktritt wird wegen der zeitlichen Enge zwischen Versuch und Vollendung nur selten möglich sein. Eine tätige Reue ist – anders als früher – nicht mehr vorgesehen. Dennoch wird diskutiert, die Regeln über die tätige Reue an dieser Stelle trotzdem anzuwenden, da der Gesetzgeber eine solche Verschärfung wohl nicht beabsichtigt hatte. Hat etwa jemand dem Opfer bereits k.o.-Tropfen gegeben, kommt ein Rücktritt aufgrund der Einwirkung auch dann nicht in Betracht, wenn die Tropfen noch gar nicht gewirkt haben sollten. Nach früherer Regelung bestand hier die Möglichkeit der tätigen Reue. In einer Klausur sollte man sich mit dieser Frage auseinandersetzen (das Analogieverbot ist nicht betroffen, da es um eine Anwendung *zugunsten* des Täters geht).

E. Erfolgsqualifikation

§ 316a III enthält eine Erfolgsqualifikation, die dem § 251 ähnelt. Sinngemäß sind daher die Ausführungen zu § 251 auch auf § 316a III anzuwenden. Zu beachten ist wieder der spezifische Gefahrzusammenhang.

F. Konkurrenzen

Es besteht regelmäßig Idealkonkurrenz (§ 52) des § 316a mit §§ 249, 250, 252, 255, sofern diese vollendet wurden. Ein Versuch dieser Delikte tritt aber hinter § 316a zurück.

Schema: Der räuber. Angriff auf Kraftfahrer, § 316a

I.	Verüben eines Angriffs auf Leib, Leben etc. eines KFZ-Führers oder Mitfahrers
II.	Ausnutzen der Verhältnisse des Straßenverkehrs
III.	Vorsatz
IV.	Absicht der Begehung von §§ 249, 250, 252, 255
V.	Rechtswidrigkeit
VI.	Schuld
VII.	Ggf. Erfolgsqualifikation gemäß § 316a III

▶ **Literatur zu dieser Lektion**

📖 Beckemper, **JA** 2003, 541 (Fall)
📖 Bosch, **Jura** 2013, 1235 ff. (Aufsatz)
📖 Duttge/Nolden, **JuS** 2005, 193 (Aufsatz)
📖 Ensenbach, **Jura** 2012, 787 (Fall)
📖 Hanft, **JuS** 2005, 1010 (Fall)
📖 Jäger, **JA** 2015, 235 (Fall)
📖 Kasiske, **Jura** 2012, 736 (Fall)
📖 Kudlich, **JA** 2015, 32 (Aufsatz)
📖 Mitsch, **JA** 1999, 662 (Grundlagenwissen zu § 316 a n.F.)
📖 Namavicius, **JA** 2007, 190 (Fall)
📖 Noak/Sengbusch, **Jura** 2005, 494 (Fall)

Lektion 10: Der Betrug, § 263

A. Einordnung

Betrug ist *Vermögensbeschädigung* durch Täuschung eines anderen in Bereicherungsabsicht, wobei das *Vermögen* als Ganzes das durch § 263 geschützte Rechtsgut darstellt. Im Rahmen einer Klausurbearbeitung werden im Bereich des § 263 regelmäßig vertiefte Kenntnisse verlangt. Generell geht es beim Betrug um die **Abgrenzung erlaubter von verbotener Geschicklichkeit** im Wirtschaftsverkehr (siehe auch *Schröder/Thiele*, Jura 2007, 814).

B. Objektiver Tatbestand

Der objektive Tatbestand verlangt eine durch Täuschung über Tatsachen hervorgerufene, irrtumsbedingte Vermögensverfügung, die zu einem Vermögensschaden führt.

B. Objektiver Tatbestand

> **I. Täuschung durch**
> - **Aktives Tun**
> - **Unterlassen**
>
> **II. Irrtum des Getäuschten**
> **III. Vermögensverfügung des Getäuschten**
> **IV. Vermögensschaden des Getäuschten oder Dritten**

Diese allgemein anerkannten Prüfungspunkte lassen sich dem Normtext des § 263 nicht unmittelbar entnehmen. Die Formulierung des § 263 gilt daher auch als verunglückt.

I. Täuschung über Tatsachen

Hier ist weiter zwischen dem Gegenstand der Täuschung, nämlich **Tatsachen**, und der **Täuschungshandlung** zu differenzieren.

1. Tatsachen

Betrugsrelevant sind allein Täuschungen über Tatsachen.

Tatsachen werden als dem *Beweis* zugängliche Ereignisse oder Zustände der Gegenwart oder der Vergangenheit definiert.

Dabei kann es sich um äußere Vorgänge oder innere Gegebenheiten handeln. Abzugrenzen sind die Tatsachen damit von **Werturteilen** und **Meinungsäußerungen**. Dabei können die Übergänge durchaus fließend sein.

Beispiel 1: Felix B. aus G. nimmt ein Darlehen auf und erklärt, in einem Jahr werde er es mit Sicherheit zurückzahlen können. Hat er zu diesem Zeitpunkt (Gegenwart!) bereits die Absicht, das Darlehen nicht zurückzuzahlen liegt eine Tatsachentäuschung (innere Tatsache) vor. Die künftige Zahlungsfähigkeit generell dagegen ist keine Tatsache (künftiges Geschehnis).

Beispiel 2: Behauptet jemand wahrheitswidrig das Eintreten einer baldigen Sonnenfinsternis, um seine Spezialgläser zu verkaufen, täuscht er über gegenwärtige Tatsachen, da bereits jetzt feststeht, ob ein Eintritt bevorsteht oder nicht (aufgrund der Stellung der Himmelsgestirne).

Beispiel 3: Verkauft jemand ein Produkt mit der Behauptung, es sei „das Beste schlechthin" oder mit ähnlichen marktschreierischen Anpreisungen, so täuscht er nicht über Tatsachen, sondern tätigt lediglich reklamehafte Meinungsäußerungen (siehe auch *Fischer, § 263 Rn 8*).

2. Täuschungshandlung

Der Täter muss das Opfer täuschen.

Als **Täuschung** bezeichnet man das Einwirken auf das Vorstellungsbild eines anderen mit dem Ziel der Irreführung.

80

Die Täuschung verlangt also bereits ein subjektives Element; ansonsten liegt bereits objektiv keine Täuschung vor.

Beispiel 4: S bestellt sich im Restaurant eine Suppe, ohne zu wissen, dass er sein Geld vergessen hat. - Hier täuscht S nicht über seine Zahlungsfähigkeit, so dass es bereits am objektiven Tatbestand und nicht erst am Vorsatz mangelt.

Hinweis: In der Literatur wird dies teilweise anders gesehen. Die beiden Auffassungen kommen indes stets zu gleichen Ergebnissen, da es nach der zweiten Ansicht dann jedenfalls an dem erforderlichen Vorsatz im Hinblick auf die Täuschung fehlt.

Die Täuschung kann dabei durch ausdrückliches oder konkludentes **aktives Tun** oder – für die Klausur besonders relevant – durch **Unterlassen** begangen werden. Täuschungsadressat kann nur ein *Mensch* sein, da nur dieser zu einem Irrtum fähig ist (daher wurde § 263a eingeführt).

a) Täuschung durch aktives Tun

Inwieweit einer Handlung (ausdrücklich oder konkludent) Täuschungscharakter zukommt, muss durch **Auslegung** ermittelt werden. Es ist dabei entscheidend, wie das Verhalten des Täters objektiv vom Verkehr verstanden wird. Notwendig ist jedoch stets, dass auf den *Intellekt* eines anderen eingewirkt wird. Daran fehlt es etwa, wenn sich der Täter als blinder Passagier auf eine Kreuzfahrt begibt (beachte jedoch § 265a I).

Beispiel 5: Wer eine vertragliche Verpflichtung eingeht, erklärt damit regelmäßig konkludent, dass er zur Erfüllung bereit und nach seiner Kenntnis bei Fälligkeit auch in der Lage sein wird.

Beispiel 6: Wer von einem anderen eine Leistung einfordert, erklärt damit schlüssig, auch einen entsprechenden Anspruch zu haben.

Beispiel 7: A vertauscht in einem Kaufhaus die Preisschilder, so dass er „günstiger" einkaufen kann. Hierin liegt eine Täuschung über den wahren Preis der Ware, vgl. *Nehrer/Labsch*, JuS 81, 603. Machen Sie sich bei diesem Fall auch die anderen in Betracht kommenden Delikte klar!

Beispiel 8: Der zahlungsunwillige D füllt Benzin in seinen Tank. Hierdurch täuscht er den diesen Vorgang beobachtenden Kassierer. Anders jedoch, wenn dieser das Tanken nicht beobachtet, da es dann an einer Einwirkung fehlt (BGH NJW 83, 2827).

Beispiel 9: H bietet dem P ein Produkt zu einem bestimmten Preis an. Dieser ist jedoch in keiner Weise marktüblich, sondern viel zu hoch. H hofft, dass P dies nicht erkennt, sich also irrt. Täuschung?

Lösung: Hier liegt regelmäßig keine schlüssige Behauptung vor, der Preis sei angemessen oder üblich, es fehlt also mangels Erklärungswerts an einer Täuschung, selbst wenn P von der Marktüblichkeit ausgeht, sich also letztlich irrt. Anders kann es sein, wenn Produkte angeboten werden, die nur zu festen Taxen oder Tarifen angeboten werden. Hier anerkennt die Verkehrsanschauung einen entsprechenden Erklärungswert (Bsp.: Buchpreisbindung).

Beispiel 10: F sendet an D Angebotsschreiben, die jedoch den Eindruck einer Rechnung hervorrufen, da sie genau wie typische Rechnungen gestaltet sind. Hier täuscht F über das Bestehen einer gegenwärtigen Zahlungspflicht. Entscheidend war für den BGH, dass die wahre Erklärung (es handelte sich ja objektiv um ein Angebot!) völlig hinter dem täuschenden Gesamteindruck zurücktrat, und der Täter genau dies auch bezweckt hatte. Siehe dazu BGHSt 47, 1. Zur Übertragung dieses Gedankens auf die modernen Fernseh-Gewinnspiele vgl. *Schröder/Thiele*, Jura 2007, 814.

Zu unterscheiden sind diese Fälle von solchen, in denen der Täter einen bereits *nicht von ihm hervorgerufenen Irrtum* des Opfers lediglich *ausnutzt*, ohne diesen zu verstärken oder zu unterhalten. Klassische Beispiele sind die sogenannten Wechselgeldfälle.

Beispiel 11: A bezahlt im Laden mit einen 20-Euro-Schein. Der Verkäufer gibt ihm versehentlich 50 Euro heraus. A nimmt an. Betrug?

Lösung: Die bloße Annahme einer nicht geschuldeten Leistung enthält im Allgemeinen gerade nicht die schlüssige Behauptung, dass sie auch vom anderen geschuldet sei (anders jedoch, wenn die nichtgeschuldete Leistung ausdrücklich eingefordert wird, siehe Beispiel 6).

Beispiel 12: G bucht ein Hotelzimmer mit Frühstück für eine Woche. Zu diesem Zeitpunkt geht er von seiner Zahlungsfähigkeit und –willigkeit aus. Nach einem Tag wird er jedoch zahlungsunfähig. G nutzt das Zimmer jedoch weiter und nimmt auch das Frühstück regelmäßig ein. Abends bestellt er sich regelmäßig ein ordentliches Abendessen. Betrug?

Lösung: Hier hatte G zum Zeitpunkt des Vertragschlusses die Absicht, zu zahlen. Es liegt somit hier keine Täuschung vor. Diese könnte jedoch im Weiternutzen des Zimmers trotz nunmehr bewusster Zahlungsunfähigkeit zu sehen sein. Indes enthält die bloße weitere Entgegennahme erlangter Leistungen ohne Täuschung nicht die schlüssige Vorspiegelung der fortbestehenden Zahlungsfähigkeit. Vielmehr wird ein Irrtum des Gastwirts lediglich ausgenutzt (zum nicht vorliegenden Betrug durch Unterlassen siehe sogleich). Anders ist es hingegen beim Abendessen. Hier nimmt der G ja zusätzliche Leistungen in Anspruch, bei denen ihm bewusst ist, dass er zahlungsunfähig ist. Dieses Verhalten erfüllt die Voraussetzungen einer Täuschung durch schlüssiges Verhalten.

b) Täuschen durch Unterlassen

Eine Täuschung kann auch durch Unterlassen erfolgen. Erforderlich ist dann jedoch wie immer im Bereich des Unterlassens eine *Garantenstellung* (§ 13). Voraussetzung ist, dass der Täter eine ihm nach den Umständen mögliche Aufklärung unterlässt, obwohl eine Garantenstellung besteht. Die Garantenpflicht kann sich dabei aus Gesetz oder Ingerenz ergeben.

Beispiel 13: A bezieht Sozialleistungen und meldet nicht, dass erhebliche Änderungen in den für die Leistungsgewährungen maßgeblichen Verhältnissen eingetreten sind. Hier liegt ein Verstoß gegen die gesetzliche Aufklärungspflicht des § 60 I Nr. 2 SGB I vor.

Beispiel 14: D erregt fahrlässig einen Irrtum, erkennt dies und klärt ihn dennoch nicht auf. Hier liegt eine Täuschung durch Unterlassen vor, die Garantenpflicht folgt aus Ingerenz. Anders wäre es, wenn der Irrtum von alleine entstanden wäre, dann fehlte es an der Garantenpflicht.

Darüber hinaus kann sich eine Garantenpflicht aber auch aus besonderen *Vertrauensverhältnissen bzw. Treu und Glauben* ergeben. Zu beachten ist jedoch, dass eine vertragliche Beziehung für sich genommen nicht ausreicht. Hinzukommen muss vielmehr eine besondere Pflicht, auf das Vermögen des anderen Acht geben zu müssen. Die Rechtsprechung bejaht eine solche Pflicht etwa in Fällen in denen:

- die Nichtaufklärung erheblichen Schaden verursacht;
- der Täter erkennt, dass es dem Geschäftspartner auf den betreffenden Punkt wesentlich ankommt;
- der Partner erkennbar unerfahren ist.

Von daher scheidet eine Täuschung durch Unterlassen in den Fällen der bloßen Entgegennahme einer nicht geschuldeten Leistung oder dem Hotelzimmerfall (Beispiel 12) aus. Es fehlt an einer besonderen Vertrauenslage, das bloße (scheinbare) Vertragsverhältnis genügt nicht.

Beispiel 15: Die B-Bank führt eine Überweisung des D falsch durch. Das Geld landet deshalb nicht auf dem Konto des G, sondern auf dem Konto des S. Der erfreute S hebt das Geld ab. Betrug?

Lösung: Hier begeht S zunächst keine Täuschung durch schlüssiges Verhalten, da er tatsächlich einen Auszahlungsanspruch gegen die Bank hat. Aber auch eine Täuschung durch Unterlassen scheidet aus, da es an einer Aufklärungspflicht des S mangelt – allein das Vertragsverhältnis zur Bank genügt richtigerweise nicht (vgl. BGHSt 39, 393; 46, 196).

Beispiel 16: Vermieter V kündigt aus Eigenbedarf und klärt den Mieter später nicht darüber auf, dass der Grund für den Eigenbedarf nachträglich weggefallen ist. Täuschung durch Unterlassen?

Lösung: Hier muss der Vermieter wenigstens bis zum Ablauf der Kündigungsfrist (nach anderer Ansicht auch noch danach) darüber aufklären. Eine Täuschung durch Unterlassen liegt daher vor.

In einer Klausur sollte stets ausführlich untersucht werden, ob nicht bereits eine Täuschung durch *konkludentes Tun* vorliegt. Verkauft etwa ein Gebrauchtwagenhändler einen Gebrauchtwagen zu einem Preis, der dem eines unfallfreien Wagens entspricht, erklärt er damit konkludent die Unfallfreiheit.

Hinweis: Prüfen Sie in einer Klausur stets streng in der Reihenfolge 1. aktives Tun, 2. konkludentes Tun, 3. Unterlassen. Vor allem die Frage, ob einem bestimmten Tun ein konkludenter Erklärungswert zukommt, erfordert regelmäßig eine etwas längere Auseinandersetzung. Beachten Sie: wenn Sie einen konkludenten Erklärungswert ablehnen, kommt allein eine Täuschung durch Unterlassen in Betracht, die aber eine nur selten vorliegende Garantenstellung voraussetzt.

II. Erregen oder Unterhalten eines Irrtums

Die Täuschungshandlung des Täters muss zu einem *Irrtum* des Getäuschten führen.

Irrtum ist jede Fehlvorstellung über Tatsachen. Dies bedeutet, dass die positive Vorstellung des Getäuschten und die Wirklichkeit nicht übereinstimmen.

Zu beachten ist, dass das bloße Fehlen einer Vorstellung keinen Irrtum darstellt (sog. ignorantia facti). Das Bewusstsein muss vielmehr *aktuell* oder aber im Sinne eines *sachgedanklichen Mitbewusstseins* vorhanden sein. Ausreichend kann die Vorstellung sein, dass *„alles in Ordnung"* ist, soweit sich dieser Gedanke auf konkrete Umstände und Verhältnisse bezieht.

Beispiel 17: Schaffner S läuft durch ein Abteil und fragt, ob noch jemand zugestiegen sei. D, der keine Fahrkarte hat, meldet sich nicht. Betrug?

Lösung: Hier irrt der Schaffner, da er davon ausgeht, dass *„alles in Ordnung"* sei. Dieser Gedanke bezieht sich dabei konkret auf den Umstand, dass alle Personen kontrolliert wurden und somit einen Fahrschein besitzen und wurde durch D (konkludent – also gerade nicht durch Unterlassen!) täuschungsbedingt hervorgerufen. Anders wäre es hingegen, wenn S durch das Abteil liefe, ohne dabei zu fragen. Dann irrte S nicht, wenn er denkt, alles sei in Ordnung, da sich diese Vorstellung nicht auf *konkrete Umstände* stützt. Es handelte sich dann nicht um eine aus vorgetäuschten Tatsachen abgeleitete Vorstellung des S (vgl. Rengier, Jura 1982, 486). Eine Aufklärungspflicht seitens des P bestünde in diesem Fall nicht, so dass auch eine Täuschung durch Unterlassen ausscheidet.

Interessant sind auch die Fälle, in denen der Getäuschte an der Wahrheit der vorgespielten Tatsache selbst zweifelt. Dies schließt nach überwiegender Auffassung einen Irrtum des Getäuschten aber nicht aus.

Beispiel 18: S verkauft dem G ein Bild vom Rembrandt als echt, obwohl es sich tatsächlich um eine Fälschung handelt. G glaubt nicht so recht, dass das Bild tatsächlich echt ist, kauft es aber wegen des guten Preises trotzdem. Liegt ein Irrtum des G vor?

Lösung: Hier liegt ein Irrtum des G vor, obwohl er an der Echtheit zweifelt. Nach richtiger Auffassung genügt es, wenn der Täter die vorgetäuschte Tatsache zumindest *für möglich* hält.

Der Täter muss den Irrtum des Opfers entweder *erregen* oder *unterhalten.*

Von einem **Erregen** spricht man, wenn der Täter den Irrtum verursacht oder zumindest mitverursacht. Ein **Unterhalten** liegt vor, wenn der Täter eine vorhandene Fehlvorstellung bestärkt oder aber trotz Garantenpflicht nicht aufklärt. Das bloße Ausnutzen eines Irrtums stellt allerdings keine Täuschung dar.

Von Teilen der Literatur wird im Falle besonderen Mitverschuldens des Opfers eine teleologische Reduktion des § 263 I befürwortet. Nach dem Motto „selber Schuld" wollen diese Stimmen dann der Opfermitverantwortung eine tatbestandsausschließende Wirkung zuschreiben, ein betrugsrelevanter Irrtum wäre also zu verneinen (sog. **viktimodogmatischer Ansatz**). Dies beträfe dann jeweils solche Fälle, in denen an sich jedem hätte einleuchten müssen, dass der Täter einen Betrug begehen will. Mit der hL ist ein solcher Ansatz jedoch abzulehnen. Dagegen spricht zum einen, dass es für den Betrug gerade typisch ist, dass dem Opfer ein gewisses Mitverschulden anzulasten ist. Dann aber stellen sich schwierige Abgrenzungsfragen zwischen schutzwürdigem „verkehrsnotwendigen" und nicht mehr schutzwürdigem schuldhaften Vertrauen. Zudem leuchtet es nicht ein, gerade dem leichtgläubigen oder gutmütigen Opfer den strafrechtlichen Schutz zu entziehen, da doch gerade sozial Schwache an sich besonderen Schutzes bedürfen. Mit diesen Argumenten können Sie in einer Klausur im Falle besonders dreister Betrügereien die viktimologische Konzeption mithin ablehnen. Siehe dazu auch *Schröder/Thiele*, Jura 2007, 814.

III. Vermögensverfügung

Der täuschungsbedingte Irrtum muss zu einer **Vermögensverfügung** des Getäuschten führen. Dieses *ungeschriebene* Tatbestandsmerkmal ist im Rahmen des § 263 (anders als bei § 253) unumstritten. Dabei müssen Getäuschter und Verfügender ein und dieselbe Person sein, der Schaden kann jedoch unter gewissen Umständen auch bei einer dritten Person eintreten. Zu diesem *Dreiecksbetrug* s.u.

> Unter einer **Vermögensverfügung** wird jedes Handeln, Dulden oder Unterlassen verstanden, das sich unmittelbar vermögensmindernd auswirkt.

Das Vorliegen einer Vermögensverfügung bildet dabei auch die Abgrenzung zum Diebstahl. Eine Wegnahme als Bruch fremden Gewahrsams scheidet bei einer Vermögensverfügung des Opfers aus. Es kann somit immer nur Diebstahl *oder* Betrug vorliegen (**Exklusivitätsverhältnis**). Zur Abgrenzung wird dabei teilweise auf die *Freiwilligkeit* des Willensentschlusses abgestellt, teilweise aber auch darauf, ob das Opfer überhaupt einen *eigenen Willensentschluss* gefasst hat. Das klassische Beispiel bildet der Kriminalbeamtenfall:

Beispiel 19: T täuscht als falscher Kriminalbeamter eine Beschlagnahme von 10 Stangen „Marlboro" vor. O fügt sich und gibt die Zigaretten dem T. Diebstahl oder Betrug des T?

Lösung: Nach der einen Ansicht ist hier eine Vermögensverfügung nicht gegeben, da der Entschluss zur Übergabe der Zigaretten nicht *freiwillig* erfolgt sei. Damit sei das Einverständnis zur Wegnahme nicht frei erteilt und daher unwirksam. Doch auch die andere Ansicht bejaht hier eine Wegnahme, da der Gewahrsam nicht aufgrund *eines eigenen Willensentschlusses*, sondern aufgrund eines vorgegebenen Befehls ohne eigene Willensbetätigung übertragen worden sei – daher fehle es insgesamt an einem Einverständnis in die Wegnahme. Nach beiden Ansichten liegt somit ein Diebstahl und kein Betrug vor.

Hinweis: Den Hintergrund dieser etwas gekünstelten Argumentation bildet das Versicherungsrecht. Regelmäßig waren die betroffenen Personen nämlich nur gegen Diebstahl versichert. Betrug hingegen war von der Versicherung nicht erfasst. Versicherungsschutz konnten die Geschädigten also nur im Falle eines Diebstahls erhalten. Tatsächlich lässt sich in den genannten Fällen dogmatisch auch sehr gut ein Betrug annehmen.

1. Verfügungsbewusstsein

Fraglich ist, ob das Opfer das *Bewusstsein* haben muss, eine Vermögensverfügung vorzunehmen. Dies wird nur für den **Sachbetrug** bejaht.

Beispiel 20: L geht an der Kasse vorbei und hat in seinem Einkaufswagen unter einer Zeitschrift eine CD versteckt. Die Kassiererin bemerkt diese wie beabsichtigt nicht. L verlässt den Laden. Betrug?

Lösung: Hier handelt es sich möglicherweise um einem *Sachbetrug.*
Nach der h.l. wird beim Sachbetrug ein *Verfügungsbewusstsein* des
Opfers verlangt. Nur so lässt sich der Betrug sinnvoll vom Diebstahl abgrenzen. Betrug ist also gegeben, wenn die Kassiererin ein solches Bewusstsein hatte.

1) Ein Verfügungsbewusstsein kann nur bejaht werden, wenn man annimmt, dass eine Kassiererin über den *gesamten Inhalt* des Einkaufs-
wagens verfügen will (m.M.).

2) Zu einem anderen Ergebnis (kein Verfügungsbewusstsein und damit
Wegnahme) käme man, wenn man dagegen auf die von ihr *gesehenen*
Produkte abstellt und ihr lediglich bezüglich dieser ein Verfügungsbewusstsein unterstellt (h.M.). In einer Klausur sind grds. beide Wege
gangbar (siehe auch *Brocker*, JuS 1994, 919).

Handelt es sich dagegen nicht um einen Sachbetrug, wird
ein Verfügungsbewusstsein unstreitig *nicht* verlangt.

Beispiel 21: Der Kellner T gibt dem Gast zu wenig Wechselgeld heraus, in der Hoffnung, dieser werde das nicht bemerken. Dies gelingt
auch. Betrug?

Lösung: Hier ist sich der Gast nicht bewusst, dass er durch sein Unterlassen versäumt, die Restgeldforderung geltend zu machen. Er hat also
kein Verfügungsbewusstsein. Dennoch erfüllt T den Tatbestand des
§ 263.

2. Unmittelbare Vermögensminderung

Weiterhin ist erforderlich, dass sich eine **Vermögensminderung** beim Opfer einstellt. Das Vermögen des Opfers
muss somit schrumpfen. Ob dies auch zu einem *Schaden*
führt, ist aber erst im Prüfungspunkt „Vermögensschaden"
(s.u. Punkt IV.) zu prüfen. An dieser Stelle ist somit zunächst zu klären, was eigentlich unter den Vermögensbegriff fällt.

88

a) Vermögensbegriff

Der Vermögensbegriff bildet eines der klassischen Probleme im Rahmen des Betrugstatbestandes. Hier ist vieles umstritten. Im Wesentlichen werden heute noch der **wirtschaftliche** und der **juristisch-wirtschaftliche Vermögensbegriff** vertreten. Dabei gehen beide Auffassungen davon aus, dass zum Vermögen zunächst einmal *alle geldwerten Güter* gehören. In Betracht kommen somit etwa Eigentum, Besitz oder aber Forderungen.

Hinweis: Nach überwiegender Ansicht sind jedoch Bußgelder und Geldstrafen nicht vom Vermögensbegriff erfasst, da diese einen eigenen Rechtscharakter besitzen. Hier überwiege der „Erziehungscharakter", der mit dem Bußgeld bezweckt werde.

Der juristisch-wirtschaftliche Vermögensbegriff begrenzt das Vermögen nunmehr jedoch auf solche Güter, die der betreffenden Person ohne rechtliche Missbilligung zustehen. Zu unterschiedlichen Ergebnissen kommen die beiden Ansichten somit immer dann, wenn es sich um *rechtlich missbilligte* Vermögenspositionen handelt.

Beispiel 22: Alex (A) hat ein Autoradio gestohlen. L bringt A durch Täuschung dazu, ihm das Radio herauszugeben. Betrug?

Lösung: Der A hat zwar den Besitz inne, dieser wird jedoch vom Zivilrecht nicht geschützt und daher rechtlich missbilligt, §§ 861, 858 BGB. Trotz des wirtschaftlichen Wertes, der auch dem Besitz des A zukommt, würde der juristisch-wirtschaftliche Vermögensbegriff diesen wohl nicht als Vermögensbestandteil ansehen.

Beispiel 23: T erhält für einen Mordauftrag Geld von M, hat jedoch zu keinem Zeitpunkt vor, den Mord auch auszuführen. Betrug des T an M?

Lösung: Auch hier begeht T nach dem juristisch-wirtschaftlichen Vermögensbegriff keinen Betrug. Demgegenüber könnte der wirtschaftliche Vermögensbegriff durchaus zu einer Vermögensverfügung und damit zu einem Betrug kommen (siehe hierzu auch *Hecker*, JuS 2001, 228 ff.)

Beispiel 24: Komplize K täuscht den T über die Höhe der Beute und übergibt ihm lediglich 300 Euro statt 600 Euro. Betrug?

Lösung: In diesem Fall hängt es davon ab, ob man die nichtigen Forderungen (§§ 134, 138 BGB) zum Vermögen des „Opfers" zählt oder nicht. Dafür spricht insbesondere, dass es ansonsten im kriminellen Bereich zu unerwünschten Strafbarkeitslücken käme. Anders aber wohl die Rechtsprechung, siehe BGH NStZ 2001, 534.

In einer Klausur sollte man auf o.g. Streit nicht eingehen, wenn beide Auffassungen zum gleichen Ergebnis kommen. Ansonsten sollte man sich klausurtaktisch entscheiden. Wichtig ist auch hier wieder allein das Aufzeigen eines entsprechenden Problembewusstseins. Honoriert wird dabei vor allem, wenn Sie Ihre Argumentation mit Normen aus dem BGB untermauern.

b) Unmittelbarkeit

Es muss eine **unmittelbare** Vermögensminderung eintreten. Erforderlich ist somit, dass das irrtumsbedingte Verhalten des Opfers selbst zu einer Vermögensminderung führt, ohne dass noch weitere deliktische Akte des Täters notwendig sind.

Beispiel 25: S verschafft sich durch Täuschung Eintritt in die Wohnung des G. Dort nimmt S dann das Handy des G mit. Betrug?

Lösung: Es fehlt an der Unmittelbarkeit, da die Täuschung des S an der Tür nicht unmittelbar zum Verlust des Handys geführt hat. Somit liegt kein Betrug vor.

Beispiel 26: Ebenso fehlt es an der Unmittelbarkeit, wenn der S den G dazu bringt, ein leeres Blatt Papier zu unterzeichnen, das er später dazu nutzt, von dessen Konto Geld abzuheben. Das Unterschreiben des G hat noch nicht zu einer Vermögensminderung geführt. Hierzu ist noch ein erneutes Tätigwerden des S (Ausfüllen/Abheben des Geldes) notwendig.

3. Dreiecksbetrug

Wie bereits festgestellt, ist es lediglich erforderlich, dass Getäuschter und Verfügender identisch sind. *Geschädigter* kann im Rahmen des § 263 jedoch auch ein Dritter sein, nämlich dann, wenn der Täter einen Dritten einschaltet,

90

den er täuscht, um so die Sache des Geschädigten zu erlangen. Zu prüfen ist in solchen Fällen stets, ob entweder ein sog. **Dreiecksbetrug** oder ein **Diebstahl in mittelbarer Täterschaft** vorliegt. Auch hier gilt, dass Diebstahl und Betrug sich gegenseitig ausschließen.

Grundüberlegung ist hier, dass § 263 I nur dann angenommen werden kann, wenn sich der Geschädigte das Verhalten des Dritten in irgendeiner Weise zurechnen lassen muss. Dies ist offensichtlich nur unter bestimmten Voraussetzungen der Fall. Wird also irgendein Fremder quasi als Werkzeug dazu benutzt, die Sache an den Täter herauszugeben, liegt im Regelfall ein Diebstahl in mittelbarer Täterschaft vor. Dreiecksbetrug hingegen ist anzunehmen, wenn ein besonderes **Näheverhältnis** zwischen dem Getäuschten (und Verfügenden) und dem Geschädigten bestand. Die Anforderungen, die an dieses Näheverhältnis zu stellen sind, sind dabei umstritten:

Nach der **Theorie von der faktischen Befugnis** genügt es, wenn der Getäuschte bereits vor der Tat auf der Seite des Geschädigten stand und die Verfügung ihm daher zugerechnet werden kann. Der Verfügende muss gleichsam *im Lager* des Geschädigten stehen bzw. dessen *Repräsentant* sein. Dagegen ist die **Ermächtigungstheorie** enger. Sie verlangt, dass der Verfügende rechtlich zu der Verfügung ermächtigt war.

Beispiel 27: Passant F steht am Bahnsteig und bittet den Passanten S, ihm den Koffer des Passanten G aus dem Zug zu reichen. S tut dies, F verschwindet damit. Betrug oder Diebstahl?

Lösung: Hier fehlt es nach der Ermächtigungstheorie an der rechtlichen Befugnis des S, über das Vermögen des G zu verfügen. Auch die Lagertheorie würde jedoch einen Betrug ablehnen. S stand nicht bereits vor der Tat im Lager des G. Vielmehr befand er sich zufällig in der Nähe des Koffers. Somit handelt es sich um einen Diebstahl in mittelbarer Täterschaft (dem Werkzeug S fehlt es in diesem Fall am Wegnahmevorsatz).

Beispiel 28: D klingelt beim Millionär M, wohlwissend, dass nur die Haushälterin H anwesend ist. Er gibt sich als Elektriker aus, der den Fernseher abholen soll. H gibt D den Fernseher. Betrug oder Diebstahl?

Lösung: Hier ist die Haushälterin ebenfalls zwar nicht zur Weitergabe des Fernsehers *ermächtigt*. Die enge Theorie würde folglich einen Betrug ablehnen. Allerdings befand sich die H *im Lager* des M, denn ihre Aufgabe war es ja gerade, für den Haushalt des M zu sorgen. Nach dieser Ansicht wäre somit Betrug zu bejahen. In einer Klausur ist hier regelmäßig beides vertretbar. Machen Sie sich aber auch die Konsequenz klar: wenn sie einen Betrug annehmen, so setzt dieser im subjektiven Tatbestand „nur" Bereicherungsabsicht voraus (siehe sogleich) während die Diebstahl Zueignungsabsicht verlangt.

Hinweis: Im Rahmen einer Klausur oder Hausarbeit muss beim Dreiecksbetrug bereits im *Obersatz* genau definiert werden, wer Täter, Verfügender und Geschädigter ist. Etwa so: „A (Täter) könnte sich wegen Betrugs *gegenüber B (Getäuschter) zu Lasten des C (Geschädigter)* strafbar gemacht haben". Um keine denkbare Konstellation zu vergessen, empfiehlt es sich, eine Skizze anzufertigen.

Einen Sonderfall des Dreiecksbetrugs stellt der sogenannte *Prozessbetrug* dar. Bei diesem führt eine Täuschung des Täters dazu, dass der Richter sich irrt und daher eine Partei unterliegt, obwohl sie ohne die Täuschung obsiegt hätte. Hier verfügt somit der Richter über das Vermögen des Geschädigten. Die Befugnis dazu ergibt sich dabei aus seiner Stellung und Aufgabe als Richter.

Beispiel 29: Zeugin H will dem T helfen und sagt daher wahrheitswidrig zu Lasten des J aus. J verliert daraufhin den Zivilprozess, obwohl dies nicht der materiellen Rechtslage entspricht. J wird verurteilt, an den T 2.000 Euro zu zahlen. Betrug?

Lösung: Hier begeht H einen *Prozessbetrug* gegenüber dem Richter zu Lasten des J.

IV. Vermögensschaden

Die Vermögensverfügung muss zu einem **Vermögensschaden** führen. Zu beachten ist, dass das geschützte Rechtsgut des § 263 I nach ganz allgemeiner Auffassung das Vermögen als Ganzes darstellt. Die konkrete Zusammensetzung des Vermögens ist hingegen nicht geschützt.

Aus diesen Überlegungen folgt, dass ein Vermögensschaden immer dann nicht vorliegt, wenn die durch die
erfolgte Vermögensverfügung herbeigeführte Vermögensminderung durch Gegenleistungen vollständig kompensiert
wird. Nur wenn sich der **Gesamtsaldo** des Vermögens
also auch bei dieser Gesamtbetrachtung verringert, liegt
auch ein Schaden vor. Notwendig ist dabei eine objektive
Betrachtungsweise. Ist die Gegenleistung objektiv „ihr
Geld wert", scheidet ein Vermögensschaden grds. aus.

Ein **Vermögensschaden** liegt vor, wenn das Vermögen
sich gemindert hat und eine Kompensation durch eine
Gegenleistung nicht oder jedenfalls nicht vollständig
erfolgt.

Regelmäßig genügt an dieser Stelle die Feststellung, dass
das Vermögen sich gemindert hat und eine Kompensation
nicht ersichtlich ist. Allerdings müssen insoweit einige Problemfälle bekannt sein, die im Folgenden näher erläutert
werden sollen.

1. Unechter Erfüllungsbetrug

Beliebt sind in Klausuren zunächst die Fälle des sog.
„unechten Erfüllungsbetruges".

Beispiel 30: Verkäufer V verkauft dem K eine Hose zum Preis von 50
Euro. Dabei sichert er dem K mehrfach zu, dass diese aus reiner
Schurwolle bestehe. Eine Hose aus reiner Schurwolle ist regelmäßig
weitaus teurer. K glaubt daher an ein Schnäppchen. Tatsächlich besteht
die Hose hingegen zu 50% aus Kunstfasern, ist in dieser Form aber
durchaus ihr Geld wert.

Sowohl die Rechtsprechung als auch die überwiegende
Auffassung in der Literatur lehnen in diesen Fällen einen
Vermögensschaden und damit auch einen Betrug durch V
ab. Entscheidend für diese Überlegung ist dabei, dass die
tatsächlich verkaufte Hose den gezahlten Preis objektiv
wert sei. § 263 schütze aber eben nicht die konkrete

93

Zusammensetzung des Vermögens, sondern ausschließlich das Vermögen als Ganzes. Dieses aber bleibe in diesen Fällen im Ergebnis wertmäßig unverändert.

Teile der Literatur hingegen bejahen hier einen Vermögensschaden mit folgender Überlegung: Aufgrund der erfolgten Zusicherung leide die Hose an einem Mangel, die den K zu einer Minderung des Kaufpreises berechtige (§§ 434, 437 Nr. 2, 441 BGB). Der K zahle letztlich also mehr als er müsse und erleide dadurch ein wirtschaftliches Minus und damit einen Vermögensschaden.

Gegen diese Argumentation wird man indes einwenden müssen, dass beim K wohl lediglich eine **erhoffte Vermögensmehrung ausbleibt**, die dieser durch das besondere Schnäppchen zu erzielen glaubt. Er glaubt nämlich, dass sein Anspruch gegen V mehr Wert ist, als der Anspruch, der dem V gegen ihn zusteht. Die Tatsache, dass die Ansprüche in Wahrheit wertmäßig gleich hoch sind, begründet folglich keinen Schaden im Vermögen des K – vergrößert es aber auch nicht, wie es K erhofft hatte. Im Falle des unechten Erfüllungsbetruges ist ein Vermögensschaden daher wohl abzulehnen.

Ohne Probleme kann ein Schaden dann angenommen werden, wenn die verkaufte Sache auch ohne den angepriesenen, den Wert erhöhenden Faktor objektiv ihr Geld nicht wert ist.

2. Bettelbetrug & Zweckverfehlungslehre

Regelmäßig weiß der Getäuschte nicht, dass er durch die Vermögensverfügung einen Vermögensschaden erleidet. Täuscht etwa der X den B und unterlässt der B es daher, eine fällige Forderung einzuziehen, so ist sich der B gerade nicht bewusst, dass er einen Schaden erleidet. Probleme bereiten jedoch die Fälle, in denen eine **bewusste Selbstschädigung** vorliegt.

Beispiel 31: V gibt sich als Sammler für eine wohltätige Organisation aus, die Kindern im Irak hilft. G glaubt dies und gibt dem V 20 Euro. Tatsächlich will V das Geld selbst behalten. Vermögensschaden des G?

Lösung: Hier ist dem G bewusst, dass er sein Vermögen durch eine Vermögensverfügung um 20 Euro schmälert, einen messbaren Gegenwert erhält er ja nicht. Ein Teil der Lehre hält es für irrelevant, ob das Opfer die Selbstschädigung bewusst oder unbewusst vornimmt. Sie bejaht daher unproblematisch auch in solchen Fällen § 263.

Anders jedoch die wohl herrschende Meinung. Der Charakter des Betrugs als Selbstschädigungsdelikt (gerade anders als der Diebstahl) erfasse seinem Wesen nach nur die *unbewusste Selbstschädigung.* Doch auch diese Ansicht möchte die genannte Fallkonstellation letztlich unter § 263 subsumieren. Hierzu bedient sie sich der sogenannten *Zweckverfehlungslehre.* Danach liegt ein Schaden dann vor, wenn bei einer bewusst unentgeltlichen Leistung diese aufgrund der Täuschung ihren *wirtschaftlich relevanten objektiven Zweck* verfehlt. Da diese Zweckverfehlung unbewusst sei, liege die für den Betrug erforderliche unbewusste Selbstschädigung vor. Im genannten Beispiel verfehlt die Leistung ihren wohltätigen Zweck (Irak-Hilfe), den der G beabsichtigt hatte. Davon weiß der G jedoch nichts. Ein Vermögensschaden liegt somit nach beiden Auffassungen vor, § 263 ist erfüllt.

Jedoch trägt nicht jeder vom Opfer verfolgte Zweck die Annahme eines entsprechenden Vermögensschadens.

Beispiel 32: W veranlasst den A zu einer hohen Spende für wohltätige Zwecke, indem er ihm vorspiegelt, dass seine Nachbarn bereits hohe Beträge gespendet hätten. A, der sich keine Blöße geben will, hätte ansonsten einen deutlich geringeren Betrag gespendet. Betrug (vgl. BayObLG, NJW 1952, 798)?

Lösung: Hier hat der A letztlich mit seiner Spende den von ihm verfolgten sozialen Zweck erreicht. Für ihn blieb somit die Leistung auch der Höhe nach eine wirtschaftlich sinnvolle Leistung. A irrt hier lediglich darüber, dass seine Nachbarn mehr gegeben haben. Dieses **Affektionsinteresse** bleibt im Ergebnis als reiner **Motivirrtum** im Rahmen des § 263 unbeachtlich. Die in diesen Fällen erstrebte „Gegenleistung" des Getäuschten liegt somit in dem erstrebten nichtwirtschaftlichen sozialen Zweck. Solange dieser Zweck erreicht wird, sind Leistung und Gegenleistung äquivalent und § 263 scheidet aus. Gänzlich subjektive Zwecke sind von § 263 somit nicht erfasst.

Beispiel 33: In der Innenstadt sitzt ein Bettler mit einem Schild, auf welchem geschrieben steht: „Erbitte Geld für eine Mahlzeit". D gibt ihm ein wenig Kleingeld, um ihm eine Mahlzeit zu ermöglichen. Tatsächlich „versäuft" der Bettler das Geld. Betrug?

Lösung: Hier verfolgt der D den sozialen Zweck, dem Bettler eine Mahlzeit zu ermöglichen. Seine Trinksucht wollte er dagegen auf keinen Fall unterstützen. Insoweit schlägt der soziale Zweck fehl. In der Tat wird daher in solchen Fällen ein Betrug des Bettlers bejaht (der allerdings wohl kaum verfolgt werden wird).

3. Vermögensgefährdung/Eingehungsbetrug

Regelmäßig wird der Schaden (wie gezeigt) durch einen Vergleich der Vermögenslage vor und nach dem schädigenden Ereignis ermittelt. Ergibt sich hier eine negative Differenz, liegt ein Schaden vor. Indes sind Fälle denkbar, in denen ein solcher Schaden an sich noch nicht vorliegt, das Vermögen des Getäuschten allerdings bereits so gefährdet, also die Gefahr eines Schadenseintritts bereits so konkret ist, dass dies letztlich einem Schaden gleichkommt. Man spricht in diesen Fällen von einer **schadensgleichen Vermögensgefährdung**, die dazu führt, dass ab diesem Zeitpunkt bereits ein vollendeter Betrug vorliegt.

Beispiel 34: M leiht sich von X ein Fahrrad und verkauft und übereignet es dem H. Der H erwirbt gemäß § 932 BGB gutgläubig das Eigentum daran (wegen der Leihe kein Abhandenkommen bei X gemäß § 935 BGB!). Betrug des M gegenüber H?

Lösung: Umstritten ist, ob trotz gutgläubigen Erwerbs der Sache eine schadensgleiche Vermögensgefährdung beim Erwerber eintritt. An sich erwirbt der H ja vollwertiges Eigentum, weshalb es an einem Schaden mangelt. Die frühere und überholte Rechtsprechung bejahte dennoch einen Schaden mit dem Argument, dass der gutgläubige Erwerb mit einem *„sittlichen Makel"* behaftet sei. Heute wird argumentiert, dass der Erwerber in einen *Herausgabeprozess* verwickelt werden könne (BGH). Nach der Rechtsprechung liegt in diesem Prozessrisiko dann eine schadensgleiche Vermögensgefährdung, wenn der Erwerber nach den Umständen des Einzelfalls mit der Geltendmachung eines Herausgabeanspruchs zu rechnen hatte.

In der Literatur wird dagegen etwas enger auf die Gefahr des Prozess-*verlustes* abgestellt, die unter Berücksichtigung der beim Gegner liegenden Beweislast zu bestimmen ist. Ist diese Gefahr hinreichend konkret, liegt ein Schaden vor, da eben jeder Prozess auch verloren gehen kann.

Einen Sonderfall der konkreten Vermögensgefährdung bildet der sogenannte **Eingehungsbetrug.** Danach kann ein Schaden bereits im **Abschluss eines Vertrages** liegen. Selbst wenn es insoweit nicht mehr zur Abwicklung kommt, liegt somit ein bereits vollendeter und nicht nur versuchter Betrug vor.

Ein **Eingehungsbetrug** ist zu bejahen, wenn der Anspruch des Geschädigten im Wert hinter der von ihm übernommenen Verpflichtung zurückbleibt.

Ist dies der Fall, so ist mit dem Eintritt eines Vermögensschadens bereits so wahrscheinlich zu rechnen, dass eine Erfüllung nicht mehr abgewartet werden muss, da das Vermögen bereits konkret gefährdet ist.

Beispiel 35: Verkäufer A schließt mit D einen Kaufvertrag über ein gefälschtes Kunstwerk. A behauptet dabei, es sei echt. Betrug?

Lösung: Hier liegt bereits im Abschluss des Vertrages eine konkrete Vermögensgefährdung, da der Anspruch des D im Wert deutlich unter dem des A liegt. Es liegt deshalb ein *vollendeter* Betrug vor. Sollte der Vertrag anschließend erfüllt werden, so wird man diesen *Erfüllungsbetrug* wohl als mitbestrafte Nachtat zu werten haben. In einer Klausur sollte jedoch auf den Eingehungsbetrug nur dann eingegangen werden, wenn es tatsächlich an einer Erfüllung mangelt. Ansonsten kann das Vorliegen eines Schadens einfach festgestellt werden.

Hinweis: Die Lehre von der Vermögensgefährdung und des Eingehungsbetruges sind nicht unumstritten, wenngleich mittlerweile ganz herrschende Meinung. Zu beachten ist aber stets, dass diese Ansicht zu einer Vorverlagerung der Vollendungsstrafbarkeit kommt. Die Mindermeinung will in diesen Fällen daher lediglich wegen versuchten Betrugs bestrafen.

3. Persönlicher Schadenseinschlag

In den bisher genannten Konstellationen wurde das Vorliegen eines Schadens anhand eines objektiven Wertvergleichs der Vermögenspositionen vor und nach der Vermögensverfügung ermittelt. Darüber hinaus gibt es jedoch Fälle, in denen, obwohl objektiv keine Vermögensdifferenz auftritt, ein Vermögensschaden bejaht wird.

Beispiel 36: Der Vertreter V lässt sich von D einen Zettel unterschreiben, auf dem er sich angeblich seine Anwesenheit bestätigen lässt. Tatsächlich handelt es sich dagegen um die Bestellung einer Waschmaschine. Diese ist ihren Preis durchaus wert. Betrug des V?

Lösung: Hier hat sich das Vermögen des D nicht verringert. Da die Waschmaschine nicht überteuert war, steht D rechnerisch genauso da wie zuvor. Dennoch wird sich der D betrogen fühlen. Es ist daher anerkannt, dass in bestimmten Ausnahmefällen ein sog. *persönlicher Schadenseinschlag* bei der Schadensbemessung zu berücksichtigen ist.

Zu beachten ist jedoch, dass der § 263 nicht die **Dispositionsfreiheit des Einzelnen**, sondern lediglich dessen *Vermögen* als Ganzes schützt. Handelt es sich im Einzelfall um ein sinnloses Geschäft, so führt dies nicht zwangsläufig zu einem Schaden iSd § 263. Die Rechtsprechung bejaht daher einen persönlichen Schadenseinschlag im Ergebnis nur in drei Fallgruppen. Danach liegt ein Schaden vor, wenn

1. die angebotene Leistung nicht oder nicht in vollem Umfang zu dem vertraglich vorausgesetzten Zweck oder in anderer zumutbarer Weise *verwendet* werden kann, oder

2. das Opfer durch die eingegangene Verpflichtung zu *vermögensschädigenden Maßnahmen genötigt* wird, oder

3. das Opfer infolge der übernommenen Verpflichtung in seiner Wirtschafts- und Lebensführung übermäßig *eingeschränkt* wird.

Beispiel 37: Bauer O hat zehn Kühe. Ihm wird eine Melkmaschine verkauft, die entgegen den Angaben des Verkäufers nur für zwei Kühe geeignet ist. Betrug?

Lösung: Zwar ist die Maschine objektiv durchaus ihren Preis Wert, indes ist sie für den Bauern letztlich sinnlos. Auch der BGH hat in diesem Fall somit die erste Fallgruppe für einschlägig gehalten (BGHSt 16, 321).

Beispiel 38: O muss ein hoch verzinsliches Darlehen aufnehmen, um die von ihm eingegangene Verpflichtung erfüllen zu können (Gruppe 2).

Beispiel 39: H kann seine Verbindlichkeit nur erfüllen, wenn er gleichzeitig einen erheblichen Konsumverzicht in Kauf nimmt (Fallgruppe 3).

Hinweis: Im Rahmen der Fallbearbeitung spielt regelmäßig die erste Fallgruppe die größte Rolle. In diesem Bereich lohnt es, sich einen Überblick über die vom BGH entschiedenen Fälle zu verschaffen (etwa mit Hilfe eines Kommentars). Ein Ergebnis ist regelmäßig nicht vorgegeben. Hier ist wiederum eigene Argumentationskunst gefragt, bei der man herausstellen sollte, dass die *Dispositionsfreiheit* selbst von § 263 nicht geschützt ist. Zu beachten ist darüber hinaus, dass eine Schädigung nach Gruppe 1 u.U. ausscheiden kann, wenn das Opfer das für ihn unbrauchbare Objekt *problemlos* wieder veräußern kann. Daran kann es im Einzelfall fehlen, wenn für die betreffende Sache kein normaler Markt besteht und daher besondere Fachkenntnisse erforderlich sind (etwa im Kunstbereich). Anders, wenn es sich um normale Gebrauchsgegenstände handelt (CDs, Taschen etc...). Ob eine Brauchbarkeit für das Opfer gegeben ist, entscheidet nicht die persönliche Einstellung des Opfers, sondern die Auffassung eines sachlichen Beobachters.

C. Subjektiver Tatbestand

Der subjektive Tatbestand des § 263 verlangt Vorsatz sowie die Absicht, sich oder einem Dritten einen rechtswidrigen Vermögensvorteil zu verschaffen.

C. Subjektiver Tatbestand

I. Vorsatz
II. Stoffgleiche Bereicherungsabsicht
III. Rechtswidrigkeit der Bereicherung

99

I. Vorsatz

Bezüglich des Vorsatzes gelten keinerlei Besonderheiten. Er muss sich auf alle objektiven Tatbestandsmerkmale und deren kausale Verknüpfung beziehen.

II. Stoffgleiche Bereicherungsabsicht

1. Bereicherungsabsicht

Der Täter muss zudem in Bereicherungsabsicht handeln. Auch der Betrug ist also ein Delikt mit überschießender Innentendenz. Dies setzt voraus, dass der Täter nach einer **günstigeren Gestaltung der Vermögenslage** bei sich oder einem Dritten strebt. Auf diesen Vorteil muss es dem Täter ankommen. Es ist insoweit dolus directus 1. Grades erforderlich. Nicht notwendig ist dagegen, dass der Vorteil das alleinige Ziel oder ausschließliche Motiv des Handelnden bildet. Ausreichend ist vielmehr, dass der Vorteil ein notwendiges Zwischenziel ist, um das Endziel erreichen zu können. Im Rahmen einer Klausurbearbeitung gilt es, an dieser Stelle genau zu arbeiten.

Beispiel 40: Die Eltern E benötigen Geld, um dem Kind eine lebenswichtige Operation zu ermöglichen. Sie betrügen daher zahlreiche andere Personen, um so an das Geld zu kommen. - Hier handeln die Eltern mit Bereicherungsabsicht, da sie ihr Endziel (Bezahlung der OP) notwendig nur erreichen können, wenn auch das Zwischenziel (Täuschung der anderen mit eigener Bereicherung) gelingt.

2. Stoffgleichheit

Der erstrebte Vermögensvorteil und der Vermögensschaden des Opfers müssen stoffgleich sein. Diese *Unmittelbarkeitsbeziehung* zwischen Vermögensschädigung und Vermögensvorteil ist gegeben, wenn der Schaden und der Vorteil durch dieselbe Verfügung entstanden sind. **Es muss also der Schaden des Opfers unmittelbar den Vorteil des Täters bedeuten.** Anders ausgedrückt muss der erstrebte Vermögensvorteil die *Kehrseite des Vermö-*

100

gensschadens sein. *Mittelbare* Vorteile kommen somit im Rahmen des § 263 nicht in Betracht. Zu nennen sind insbesondere *Belohnungen* oder *Provisionen*, die der Täter sich mittelbar durch Begehung der Tat verspricht. In solchen Fällen fehlt häufig der Unmittelbarkeitsbezug.

Beispiel 41: Tierarzt T täuscht den Hundebesitzer H über das Vorliegen einer unheilbaren Krankheit seines Hundes und erschleicht so die Einwilligung zur Einschläferung. Tatsächlich tut er dies nur, weil ihm der durch Hundegebell gestörte Nachbar N des H dafür 1.000 Euro Belohnung versprochen hat. Um den Schein zu wahren, berechnet der T dem H jedoch auch noch das übliche Honorar von 75 Euro. Betrug?

Lösung: Hier erfüllt T zwar objektiv den Tatbestand des § 263, indes fehlt es ihm subjektiv an der stoffgleichen Bereicherungsabsicht was die Belohnung anbetrifft. Denn die 1.000 Euro stammen nicht aus der Vermögensverfügung des H, sondern extern von N.

Anders könnte man hinsichtlich der 75 Euro entscheiden. Hier ist jedoch fraglich, ob T mit der nötigen Bereicherungsabsicht handelt. Letztlich täuscht T nur, um die Belohnung zu erlangen. Auf die 75 Euro hingegen kommt es ihm nicht an. Insoweit könnte es sich hier um eine nicht beabsichtigte, bloß als unvermeidlich erkannte Nebenfolge handeln. Hier sind sicherlich beide Ansichten vertretbar. Bejaht man die Bereicherungsabsicht, ist die erforderliche Stoffgleichheit jedoch gegeben, die 75 Euro stammen ja unmittelbar aus der Vermögensverfügung des Getäuschten.

Besonders klausurrelevant sind in diesem Zusammenhang die sogenannten Provisionsvertreterfälle.

Beispiel 42: Provisionsvertreter P, der für Fabrikant F arbeitet, schließt mit dem Kunden K einen Kaufvertrag ab, indem er ihn arglistig täuscht. P kassiert danach vorschussweise die Provision von F. Betrug (siehe auch *Achenbach*, Jura 1984, 607)?

Lösung: Hier sind **drei mögliche** Betrugsfälle des P zu prüfen:

1. Eigennütziger Betrug gegenüber K zum Nachteil des K
Hier ist der objektive Tatbestand des § 263 erfüllt. Indes fehlt es an der *stoffgleichen* Bereicherungsabsicht, denn die Provisionszahlungen erhält P nicht aus dem mit K geschlossenen Kaufvertrag, sondern von F.

2. Fremdnütziger Betrug gegenüber K zum Vorteil des F

P handelt in der Absicht, einen „Dritten", nämlich F, durch den abgeschlossenen Kaufvertrag zu bereichern. Diese Bereicherung stellt ein notwendiges Zwischenziel dar, auf das es dem P in Anbetracht seines Endziels (Provision) auch ankommt. Auch die Stoffgleichheit ist gegeben, denn der Vorteil des F stellt gleichsam die Kehrseite des Schadens bei K dar. Ein Betrug ist somit zu bejahen.

3. Eigennütziger Betrug gegenüber F zum Nachteil des F

P nimmt die Provisionszahlungen von F entgegen und täuscht diesen über die Wirksamkeit des Vertrags. Da K den Vertrag nach § 123 BGB anfechten kann, liegt ein Vermögensschaden des F vor. Der durch die Provisionszahlung entstehende Vorteil auf Seiten des P ist stoffgleich mit dem Schaden des F. Ein Betrug ist somit zu bejahen.

Hinweis: Achten Sie im Rahmen einer Klausur darauf, stets bereits im Obersatz deutlich zu machen, welchen Betrug Sie gerade prüfen – schon um selbst den notwendigen Überblick bei der Prüfung zu bewahren.

III. Rechtswidrigkeit der Bereicherung

Die erstrebte Bereicherung des Täters muss auch rechtswidrig sein. Wie beim Diebstahl handelt es sich hier um ein objektives Tatbestandsmerkmal, dass jedoch sinnvollerweise erst hier im subjektiven Tatbestand geprüft werden kann. Der Täter muss diesbezüglich vorsätzlich handeln (mindestens mit dolus eventualis). Der durch die Täuschung selbst möglicherweise erzielte Anspruch muss dabei natürlich außer Betracht bleiben.

Die Rechtswidrigkeit entfällt, wenn der Täter vor der Täuschung einen **fälligen und einredefreien Anspruch** auf die betreffende Sache oder Forderung hat.

Beispiel 43: T hat gegen O eine Forderung, die O nicht erfüllt. Während des Prozesses droht dem T das Unterliegen vor Gericht. Er fälscht daher eine Urkunde und führt so doch noch seinen Sieg herbei. Betrug?

Lösung: Hier entfällt ein Prozessbetrug des T gegenüber dem Richter zu Lasten des O, da T einen fälligen und einredefreien Anspruch gegen den O tatsächlich hatte. Es liegt daher im Ergebnis lediglich eine Urkundenfälschung gemäß § 267 I vor.

Übersicht: Der Betrug

Täuschungshandlung

Einwirkung auf das Vorstellungsbild eines anderen mit dem Ziel der Irreführung

- durch aktives Tun, z.B. Vorspiegelung von Tatsachen, gezielte Unterdrückung oder Entstellung wahrer Tatsachen; Tatsachen sind anders als *Werturteile* dem Beweis zugänglich
- durch Unterlassen nur, wenn eine Aufklärungspflicht besteht

Durch Täuschung Irrtum erregt oder unterhalten

Irrtum ist jede Fehlvorstellung über Tatsachen

- Als Irrtum gilt auch das sachgedankliche Mitbewusstsein „alles in Ordnung" (Schaffner-Fall)
- kein Irrtum bei bloßem Fehlen einer Vorstellung, sog. „ignorantia facti"
- Erregen bedeutet Hervorrufen der Fehlvorstellung; Unterhalten ist das Bestärken einer bestehenden Fehlvorstellung

Vermögensverfügung des Getäuschten

Vermögensverfügung ist jedes Handeln, Dulden oder Unterlassen, das sich unmittelbar vermögensmindernd auswirkt

- Der *juristisch-wirtschaftliche* Vermögensbegriff begrenzt das Vermögen auf solche Güter, die der betreffenden Person ohne rechtliche Missbilligung zustehen. Der *wirtschaftliche* Vermögensbegriff kennt diese Einschränkung nicht
- Ein *Verfügungsbewusstsein* ist nur beim Sachbetrug erforderlich
- Beim *Dreiecksbetrug* muss eine *Nähebeziehung* zwischen Verfügendem und Geschädigtem bestehen (Abgrenzung zu Diebstahl in mittelbarer Täterschaft)
- Im Falle der Beschlagnahme liegt nicht Betrug, sondern Diebstahl vor

Vermögensschaden

Das Vermögen hat sich gemindert und eine *Kompensation* ist nicht ersichtlich. Es genügt u.U. auch die Vermögens*gefährdung*.

- Besondere Schadensfälle sind der subjektive Schadenseinschlag und die Zweckverfehlung z.B. bei Spenden
- Beim Eingehungsbetrug liegt eine Vermögensgefährdung vor

Absicht stoffgleicher Bereicherung

Der Täter muss einen *Vermögensvorteil* für sich selbst oder einen Dritten erstreben. *Stoffgleichheit* ist gegeben, wenn der Schaden und der Vorteil durch dieselbe Verfügung entstanden sind. Es muss also der Schaden des einen unmittelbar den Vorteil des anderen bedeuten.

- Stoffgleichheit vor allem in den Provisionsvertreterfällen problematisch

Prüfungsschema: Der Betrug, § 263

I. **Objektiver Tatbestand**
 1. Täuschung (über Tatsachen) durch
  • Aktives Tun oder
  • Unterlassen (Aufklärungspflicht nötig)
 2. Irrtum
 3. Vermögensverfügung
 4. Vermögensschaden oder -gefährdung
II. **Subjektiver Tatbestand**
 1. Vorsatz zu I.
 2. Stoffgleiche Bereicherungsabsicht
 3. Rechtswidrigkeit der Bereicherung und diesbezüglicher Vorsatz
III. **Rechtswidrigkeit**
IV. **Schuld**
V. **Ggf. Antrag, §§ 263 IV, 247, 248a**

▶ **Literatur zu dieser Lektion**
📖 Standardfälle Strafrecht für Fortgeschrittene, Fall 4
📖 Begemeier/Wölfel, **JuS** 2015, 307 (Schaden trotz gutgl. Erwerbs)
📖 Börner, **Jura** 2003, 855 (Fall)
📖 Bosch, **JA** 2007, 389 (Anmerkung Hoyzer)
📖 Braum, **JuS** 2004, 225 (Fall)
📖 Bülte/Becker, **Jura** 2012, 319 (Fall)
📖 Drenkhahn, **Jura** 2011, 63 (Fall)
📖 Eisele/Freudenberg , **Jura** 2005, 204 (Hausarbeit)
📖 Hölck/Hohn, **JuS** 2005, 245 (Fall)
📖 Jahn/Maier, **JuS** 2007, 215 (Fall Hoyzer)
📖 Kaspar, **JuS** 2012, 628 (Fall)
📖 Kraatz, **Jura** 2007, 531 (Prozessbetrug)

📖 Krell, **JuS** 2012, 537 (Fall)
📖 Kühl/Lange, **JuS** 2010, 42 (Fall)
📖 Kulhanek, **JA** 2015, 828 (Aufsatz)
📖 Ladiges, **JuS** 2012, 50 (Fall)
📖 Mitsch, **JuS** 2012, 911 (Fall)
📖 Rönnau/Golombek, **JuS** 2007, 348 (Fall)
📖 Schröder/Thiele, **Jura** 2007, 814 (TV-Gewinnspiele)
📖 Schulz/Slowinski, **Jura** 2010, 706 (Sportwette)
📖 Seier/Justenhoven, **JuS** 2010, 795 (Fall)
📖 Sengbusch, **Jura** 2007, 623 (Fall)

Lektion 11: Die Erpressung, §§ 253, 255

A. Einordnung

Erpressung ist Vermögensbeschädigung durch Nötigung eines anderen in Bereicherungsabsicht. Geschütztes Rechtsgut ist somit zunächst das **Vermögen** als solches. Daneben wird aber auch noch die **Entschlussfreiheit** des Einzelnen vom Schutz des § 253 erfasst. Die Erpressung ähnelt somit dem Betrug; die umstrittenste Frage ist daher auch, ob der Tatbestand wie § 263 eine Vermögensverfügung verlangt oder nicht. Zu beachten ist § 255, der wiederum zu einer Bestrafung „gleich einem Räuber" führt. Zu denken ist also an die Qualifikationen der §§ 250, 251.

B. Objektiver Tatbestand

Der objektive Tatbestand verlangt die nötigungsbedingte Handlung, Duldung oder Unterlassung des Opfers, die zu einem Vermögensschaden führt.

B. Objektiver Tatbestand

> **I. Nötigung: Gewalt oder Drohung**
> **II. Handlung, Duldung, Unterlassung**
> **III. Vermögensverfügung (str.)**
> **IV. Vermögensschaden des Genötigten**
> **oder Dritten**

I. Nötigung

Es ist erforderlich, dass der Täter das Opfer mit **Gewalt** oder durch **Drohung** mit einem empfindlichen Übel **nötigt**. Diese Nötigungsmittel entsprechen größtenteils denen des § 240.

1. Gewalt

Gewalt bedeutet Einsatz physischer Kraft zur Überwindung eines wirklichen oder vermuteten Widerstandes.

Hinweis: Anders als im Rahmen des § 240 kommt nach Ansicht der Literatur als Gewalt jedoch nur die vis compulsiva, also die willensbeugende Gewalt, nicht dagegen die vis absoluta, also die die Willensentschließung unmöglich machende Gewalt in Betracht. Denn bei vis absoluta würde das Opfer nicht mehr eigenständig die von der Literatur geforderte Vermögensverfügung (s.u.) vornehmen.

Wird die Gewalt gegen eine *Person* ausgeübt, ist *räuberische* Erpressung, § 255 gegeben. Dabei kann sich die Gewalt auch gegen Dritte richten, wenn sie geeignet ist, von dem Genötigten als unmittelbarer Zwang empfunden zu werden.

Beispiel 1: A schlägt den guten Freund F des B, damit B seine goldene Uhr „herausrückt".

2. Drohung

Unter **Drohung** versteht man das In-Aussicht-Stellen eines Übels, auf dessen Eintritt der Drohende Einfluss zu haben vorgibt.

Ob er tatsächlich Einfluss hat, ist unerheblich. Gedroht werden muss mit einem *empfindlichen Übel*.

Empfindlich ist das Übel, wenn die Drohung bei objektiver Betrachtung geeignet ist, einen besonnenen Menschen in der genannten Situation zu dem damit erstrebten Verhalten zu bestimmen.

Beispiel 2: Der TV-Mitarbeiter A droht dem TV-Moderator F mit Strafanzeige wegen Kokainkonsums, wenn er ihm nicht 100.000 Euro zahle.

Beispiel 3: Zuhälter A droht dem TV-Moderator F, dass er ihn in der Öffentlichkeit mit heimlich aufgenommenen Bordell-Fotos bloßstellen werde, wenn F nicht 100.000 Euro an ihn zahle.

Möglich ist auch eine **Drohung** mit einem **Unterlassen**. In solchen Fällen wird dem Opfer also in Aussicht gestellt, dass der Täter zu seinen Gunsten in einen bereits laufenden Kausalprozess eingreifen könnte. Stets muss aber das in Aussicht gestellte Handeln *rechtmäßig* sein. Die Ankündigung, eine rechtswidrige Handlung nicht zu begehen, stellt mithin kein empfindliches Übel dar, vielmehr kann und muss von dem Opfer erwartet werden, dass es einer solchen Ankündigung *in besonnener Selbstbehauptung* standhält.

Beispiel 4: Der Polizist stellt in Aussicht, die Strafakte der T unauffällig verschwinden zu lassen, wenn diese mit ihm schläft. Hier fehlt es an einem empfindlichen Übel, da das Entfernen rechtswidrig wäre.

Abzugrenzen ist die Drohung von der Täuschung.

Beispiel 5: A geht zu B und täuscht ihm vor, dass er gehört hat, dass X ihn verprügeln wolle. Er könne das jedoch abwenden, wenn er dem X ein Befreiungsgeld zahle. Dieses könne er dem A geben, er würde es dann weiterreichen. Erpressung?

Lösung: Hier liegt keine Drohung, sondern lediglich eine Warnung des A vor. Er gibt nicht vor, auf den Eintritt des Übels Einfluss zu haben. A erfüllt folglich lediglich § 263.

Beispiel 6: T hat gehört, dass dem B eine wertvolle Vase gestohlen wurde. Er meldet sich bei B und gibt vor, die Vase zu zerstören, wenn B ihm nicht 15.000 Euro zahle. B zahlt. Erpressung?

Lösung: Auch hier täuscht A den B. Allerdings ist auf den Blickwinkel des Opfers abzustellen. Dieses kann nicht erkennen, welche Möglichkeiten der Täter hat. Entscheidend ist nicht, ob der Täter diese tatsächlich hat, es genügt, dass er vorgibt diese zu haben. Die Täuschung spielt in einem solchen Fall folglich nur eine untergeordnete Rolle. T verwirklicht damit § 253.

Auch hier gilt: Liegt eine Drohung mit gegenwärtiger Gefahr für *Leib oder Leben* vor, handelt es sich um eine *räuberische* Erpressung, § 255.

Beispiel 7: A sagt zu F, dass er ihn umbringen werde, wenn F nicht sofort seine goldene Uhr „herausrücke".

II. Handlung, Duldung oder Unterlassung

Die Nötigung muss zu irgendeiner Handlung, Duldung oder Unterlassung des Opfers führen.

Beispiel 8: In den Beispielen 1-3 zahlt F die 100.000 Euro bzw. gibt die goldene Uhr heraus. Dies stellt eine Handlung des F dar.

III. Vermögensverfügung

Der umstrittenste Punkt im Rahmen des § 253 ist die Frage, ob die Handlung, Duldung oder Unterlassung des Opfers wie auch im Rahmen von § 263 eine *Vermögensverfügung* darstellen muss.

Eine **Vermögensverfügung** ist (wie beim Betrug) jede Handlung, Duldung oder Unterlassung, die sich unmittelbar vermögensmindernd auswirkt.

1. **Die *Rechtsprechung* verneint das Erfordernis einer Vermögensverfügung.** Dabei beruft sie sich zunächst auf den Wortlaut, aus dem sich ein solches Erfordernis nicht ergebe. Im Übrigen hält sie es nicht für tragbar, dass ausgerechnet die besonders massive Gewalt − vis absoluta − nicht unter § 253 fallen soll (siehe B.I.1.). Es sei aus kriminalpolitischen Gesichtspunkten wichtig, eine Vermögensverfügung bei § 253 nicht vorauszusetzen, um Strafbarkeitslücken zu vermeiden.

2. **Demgegenüber verlangt die *Literatur* für § 253 eine Vermögensverfügung**, da sie § 253 – wie den Betrug (§ 263) – als *Selbstschädigungsdelikt* einordnet. Gegen das o.g. Wortlautargument der Rechtsprechung führt sie dabei an, dass auch bei § 263 das Erfordernis einer Vermögensverfügung anerkannt sei, obwohl sich dies auch dort nicht aus dem Wortlaut ergebe.

Gegen die Rechtsprechung sprechen zudem folgende Gesichtspunkte: Zunächst wäre jeder Raub zugleich auch eine räuberische Erpressung (das Opfer duldet die Wegnahme und bei Zueignungsabsicht liegt auch die für § 255 erforderliche Bereicherungsabsicht vor). § 255 wäre also das Grunddelikt zu § 249, wogegen schon seine Stellung und der Strafrahmen sprechen (wo sonst weisen Qualifikation und Grundtatbestand ausdrücklich den gleichen Strafrahmen auf?). Im Ergebnis wäre § 249 folglich überflüssig.

Entscheidender ist jedoch die Überlegung, dass die Ansicht der Rechtsprechung die Privilegierung der bloßen Gebrauchsanmaßung des § 248b unterläuft. Obwohl das Gesetz klarstellt, dass es die Gebrauchsanmaßung als einen geringeren Eingriff in das Eigentum ansieht, wird diese über § 255 wie § 249 bestraft, wenn sie mit Raubmitteln erfolgt. Das Erfordernis einer Zueignungsabsicht wird somit quasi umgangen, da die für § 255 erforderliche Bereicherungsabsicht weiter gefasst ist. Schließlich lässt sich die Erpressung nur als **Selbstschädigungsdelikt** ganz klar von den **Fremdschädigungsdelikten** (§§ 242, 249) abgrenzen.

Hinweis: In einer Klausur sollte mit o.g. Argumenten der Meinung der Literatur gefolgt werden.

Auswirkungen hat der Streit insbesondere bei einer gewaltsamen Wegnahme in Bereicherungsabsicht und gerade ohne Zueignungsabsicht.

Beispiel 8: T nimmt dem B gewaltsam ein Buch weg, um es zu lesen und hinterher zurückzugeben. Ist § 253 (§ 255) gegeben?

Lösung: B konnte während des Besitzverlustes das Buch nicht nutzen und hat daher einen „Nachteil" iSd § 253 erlitten. T wollte das Buch nutzen und handelte daher mit „Bereicherungsabsicht". Bejaht man mit der Literatur das Erfordernis einer *Vermögensverfügung*, liegt § 253 (§ 255) aber nicht vor, da B über das Buch nicht verfügt hat, sondern es ihm weggenommen wurde. Auch ein Diebstahl oder Raub scheidet mangels Zueignungsabsicht des T aus. Das Verhalten fällt nach der Literatur daher lediglich unter § 240 (Nötigung).

Anders die Rechtsprechung: Da sie keine Vermögensverfügung des Erpressten fordert, sondern jedes „Handeln, Dulden oder Unterlassen" genügen lässt, gelangt sie zu §§ 253, 255 und bestraft den T daher „wie einen Räuber" – obwohl mangels Zueignungsabsicht an sich gerade keine Vergleichbarkeit zum Räuber besteht.

Folgt man der Ansicht der Literatur, ergeben sich wie auch im Bereich des Betruges interessante Konstellationen der „**Dreieckserpressung**". Ähnlich wie auch der Betrug (s.o.), setzt die Erpressung nämlich lediglich voraus, dass Genötigter und Verfügender identisch sind. Der Verfügende und der *Geschädigte* müssen jedoch nicht identisch sein (siehe auch *Krack*, JuS 1996, 493).

Beispiel 9: A nötigt die S, dem B dessen Uhr abzunehmen und diese ihm, dem A, zu geben. Erpressung?

Lösung: Hier ist die S die Verfügende und die Genötigte. Geschädigter ist dagegen der B. Grundsätzlich wäre hier also eine *Dreieckserpressung* denkbar. Inwieweit sie gegeben ist, hängt davon ab, welches Verhältnis zwischen der verfügenden und der geschädigten Person gegeben sein muss. Unumstritten ist, dass zwischen diesen Personen ein gewisses *Näheverhältnis* bestehen muss. Die Rechtsprechung verlangt, dass der Genötigte spätestens im Zeitpunkt der Tatbegehung schutzbereit auf der Seite des Vermögensinhabers steht. Auf eine rechtliche Verfügungsmacht oder tatsächliche Herrschaftsgewalt über die Vermögensgegenstände komme es nicht an. Insoweit ähneln diese Voraussetzungen denen der *Lagertheorie* beim *Dreiecksbetrug* (s.o.).

In einer Klausur ist hier, ausgehend von einem gewissen Näheverhältnis, eigene Argumentationskunst gefragt. Typische Fälle sind die der Bankangestellten, die genötigt werden, zum Schaden der Bank Geld herauszugeben. Dies ist eine klassische Dreieckserpressung.

IV. Abgrenzung von Wegnahme und Vermögensverfügung

Aufgrund des eben dargestellten Streits ist auch die Frage umstritten, wann eine *Wegnahme* und damit Raub bzw. wann eine *Vermögensverfügung* und damit eine Erpressung vorliegt.

1) Die **Literatur**, die die Erpressung (§ 253) als Selbstschädigungsdelikt ansieht, grenzt nach der **inneren Willensrichtung** des Opfers ab.

Nach der Literatur liegt eine Wegnahme immer dann vor, wenn es für den Genötigten gleichgültig ist, wie er sich verhält, die Sache also **unabhängig von seiner Mitwirkung** dem Zugriff des Täters preisgegeben ist.

Immer dann also, wenn Widerstand zwecklos erscheint, weil der Täter auch ohne Mitwirkung zu seinem Ziel kommt, liegt nach der Literatur eine Wegnahme und keine Verfügung vor. Wirkt das Opfer dagegen an der Vermögensverschiebung in einer Weise mit, die nach seiner Vorstellung für die Herbeiführung des Schadens *unerlässlich* ist, so stellt dies eine *Vermögensverfügung* dar.

2) Da die **Rechtsprechung** das Erfordernis einer Vermögensverfügung verneint, kann sie auch nicht nach der Willensrichtung des Opfers abgrenzen.

Für die Rechtsprechung ist allein das **äußere Erscheinungsbild** entscheidend: Der Räuber *nimmt* sich die Sache, der Erpresser dagegen *lässt sich die Sache geben.*

Beispiel 10: A hält dem B eine Schusswaffe an den Kopf und schreit „Geld oder Leben"! Daraufhin „gibt" B dem A seine Geldbörse. Ist ein Raub (§§ 249, 250) oder eine Erpressung (§§ 253, 255) gegeben?

Lösung: Hier läge für die *Rechtsprechung* keine Wegnahme vor, da das Opfer dem Täter nach dem *äußeren Erscheinungsbild* das Geld übergibt. Gegeben ist also nach der Rechtsprechung eine Erpressung. Die *Literatur* dagegen käme zu einer Wegnahme und damit zu einem Raub, da es in dieser Situation für den B *keine Wahl* zu geben scheint. Sollte er sich nämlich weigern, könnte der Täter ihn erschießen und käme dann ohne die Mithilfe des B an das Geld. In solchen Situationen sagt der Täter also eigentlich „Geld! oder Geld *und* Leben!".

Anders wäre es etwa, wenn A die Preisgabe eines geheimen Geldverstecks oder Tresor-Zahlencodes verlangt. Um an das Geld zu gelangen, benötigt A ja die Mithilfe des B. Hier stimmt also der Satz „Geld oder Leben": B kann zwischen diesen beiden Alternativen wählen. Die Literatur würde hier eine Wegnahme verneinen und eine Vermögensverfügung und damit Erpressung bejahen.

Rechtsprechung	**Literatur**
- Vermögensverfügung *nicht* erforderlich - § 255 verwandt mit § 249, -> Fremdschädigungsdelikt - § 249 lex specialis zu § 255 - Abgrenzung Raub/Erpressung über *äußeres* Erscheinungsbild	- Vermögensverfügung erforderlich - § 255 verwandt mit § 263, ->Selbstschädigungsdelikt - Exklusivität § 249 / § 255 - Abgrenzung nach *innerer* Willensrichtung des Genötigten

Zu der nicht immer einfachen Darstellung dieser Probleme in einer Klausur siehe *Chowdury/Meier/Schröder*, Standardfälle Strafrecht für Fortgeschrittene, Fall 5.

V. Vermögensschaden

Der **Vermögensnachteil**, den § 253 verlangt, entspricht dem Vermögensschaden im Rahmen des § 263.

Ein **Vermögensschaden** ist dabei anzunehmen, wenn das Gesamtvermögen des Geschädigten *nach* der Verfügung geringer ist als *vor* der Verfügung.

Bezüglich der Einzelheiten wird auf die Ausführungen im Rahmen des § 263 verwiesen.

C. Subjektiver Tatbestand

Der subjektive Tatbestand verlangt Vorsatz und die Absicht, sich oder einen Dritten rechtswidrig und stoffgleich zu bereichern.

I. Vorsatz

Beim Vorsatz gelten keinerlei Besonderheiten (§ 15). Er muss sich darauf erstrecken, dass der Genötigte sich oder einem Dritten infolge des Zwangs (durch eine Vermögensverfügung) einen Vermögensschaden zufügt.

II. Stoffgleiche Bereicherungsabsicht

§ 253 verlangt im subjektiven Tatbestand ferner die Absicht stoffgleicher (rechtswidriger) Bereicherung. Diese Absicht erfordert ein zielgerichtetes Handeln. Der Täter muss somit die Bereicherung neben anderen Zielen zumindest auch bezwecken. **Diese Bereicherungsabsicht entspricht derjenigen des Betrugs.** Zu beachten ist erneut, dass die Rechtswidrigkeit der Bereicherung ein objektives Tatbestandsmerkmal darstellt, auf das sich der Vorsatz beziehen muss.

D. Rechtswidrigkeit

Im Rahmen der Rechtswidrigkeit des § 253 (§ 255) ist die **Verwerflichkeitsklausel** des § 253 II zu beachten. Danach ist die Tat rechtswidrig, wenn die Anwendung der Gewalt oder die Androhung des Übels zu dem angestrebten Zweck als verwerflich anzusehen ist. Es ist hier damit – anders als sonst – eine *positive Feststellung* der Rechtswidrigkeit erforderlich. Dies entspricht der Prüfung im Rahmen des § 240 II.

Hinweis: Im Rahmen des § 255 genügt es in der Regel, die Verwerflichkeit kurz festzustellen. Aufgrund der qualifizierten Nötigung liegt diese normalerweise nämlich vor. Auch im Rahmen des § 253 ist aufgrund der angestrebten rechtswidrigen Bereicherung eine Verwerflichkeit regelmäßig zu bejahen. Nur ausnahmsweise kann diese entfallen, etwa wenn mit einem erlaubten Übel gedroht wird und dabei ein innerer Zusammenhang mit der erstrebten Bereicherung besteht.

E. Konkurrenzen

Mit § 240 liegt meistens Gesetzeskonkurrenz vor. Raub und Diebstahl einerseits sowie Erpressung andererseits schließen sich nach Ansicht der Literatur, die ja bei § 253 eine Vermögensverfügung verlangt, grundsätzlich aus (Exklusivitätsverhältnis).

Schema: Die (räuber.) Erpressung, §§ 253, 255

I. **Objektiver Tatbestand**
1. Nötigung
a) Gewalt oder Personengewalt (§ 255)
oder
b) Drohung o. Drohung f. Leib/Leben, § 255
2. Handlung, Duldung oder Unterlassung
3. Vermögensverfügung (nach der Literatur)
4. Vermögensschaden
II. **Subjektiver Tatbestand**
1. Vorsatz
2. Stoffgleiche Bereicherungsabsicht
3. Rechtswidrigkeit der Bereicherungsabsicht
III. **Rechtswidrigkeit (§ 253 II)**
IV. **Schuld**
V. **Ggf. §§ 255, 250, 251 („gleich einem Räuber")**

Aufbauhinweis: Der Punkt „Vermögensverfügung" ist in jedem Fall zu diskutieren, auch wenn man der Ansicht der Rechtsprechung folgt und dieses Erfordernis ablehnt. Zu beachten ist auch der Qualifikationstatbestand des § 255, der zu einer Bestrafung *„gleich einem Räuber"* führt. Aufgrund dieses Verweises ist im Rahmen einer Klausur also wieder an die dadurch eröffneten Qualifikationen der §§ 250, 251 zu denken!

▶ Literatur zu dieser Lektion

📖 Skript Standardfälle Strafrecht für Fortgeschrittene, Fall 5
📖 Bachmann/Goeck, **Jura** 2012, 133
📖 Esser, **Jura** 2004, 273 (Fall)
📖 Hecker, **JuS** 2015, 467 (Fall)
📖 Hillenkamp, **JuS** 2003, 157 (Fall)
📖 Krack, **JuS** 1996, 493 (Grundlagenwissen)
📖 Maier/Ebner, **JuS** 2007, 651 (Fall)
📖 Mitsch, **JuS** 2003, 122 (Aufsatz)
📖 Namavicius, **JA** 2007, 190 (Fall)
📖 Samson, **JuS** 2003, 263 (Fall)

Lektion 12: Die Untreue, § 266

A. Einordnung

§ 266 schützt das *Vermögen* des Opfers. Im Rahmen des Tatbestandes sind der **Missbrauchstatbestand** sowie der **Treubruchtatbestand** streng auseinander zu halten. Nach herrschender Lehre setzen dabei *beide* Tatbestände eine **Vermögensbetreuungspflicht** des Täters voraus. Dies ist allerdings umstritten, da der § 266 I hier nicht eindeutig gefasst ist.

Es kommt darauf an, ob man den Halbsatz „und dadurch dem, dessen Vermögensinteressen er zu betreuen hat, Nachteil zufügt" lediglich auf die zweite Alternative oder auch auf die erste bezieht. Grammatikalisch ist jedenfalls beides denkbar, weshalb natürlich auch beides vertreten wird. Nach h.L. bildet der *Missbrauchstatbestand* im Ergebnis lediglich eine spezielle Form des Treubruchtatbestandes und ist in einer Klausur daher zwingend vorrangig zu prüfen.

B. Der Missbrauchstatbestand

Objektiver Tatbestand

> **I. Missbrauch einer Befugnis**
> **II. Vermögensbetreuungspflicht**
> **III. Vermögensschaden**

I. Missbrauch einer Befugnis

Der Missbrauchstatbestand stellt den spezielleren der zwei Tatbestände des § 266 I dar. Er setzt zunächst voraus, dass dem Täter eine Befugnis eingeräumt ist, über fremdes Vermögen rechtswirksam nach außen zu verfügen oder einen anderen schuldrechtlich zu verpflichten. Dabei kann die Befugnis, wie sich aus § 266 I ergibt, kraft Ge-

setzes, behördlichen Auftrags oder rechtsgeschäftlich begründet sein.

Beispiel 1: Den Eltern ist durch die §§ 1626 ff. BGB *gesetzliche Vertretungsmacht* eingeräumt. Gleiches gilt für den Testamentsvollstrecker
(§§ 2205 ff. BGB), den Insolvenzverwalter (§ 80 I InsO) oder den Ge-
richtsvollzieher. Vertreter kraft *behördlichen Auftrags* ist etwa der Amts-
leiter, der einen Auftrag an ein bestimmtes Unternehmen vergibt. Wich-
tigste Fallgruppe in der Klausur sind regelmäßig die Fälle der rechtsgeschäftlich begründeten Vertretungsmacht, also die Fälle der §§ 164
ff. BGB. Hier kann es also durchaus erforderlich sein, die Wirksamkeit
einer Stellvertretung im Rahmen einer Strafrechtsklausur zu prüfen. Zu
der rechtsgeschäftlich begründeten Vertretungsmacht gehört auch die
Bestellung zum Prokuristen, wobei hier sicherlich die Besonderheit besteht, dass der Umfang der Vollmacht gesetzlich geregelt ist (vgl. §§ 48
ff. HGB).

Der Täter muss diese Befugnis **missbrauchen.** Dies setzt
voraus, dass das Opfer durch das Rechtsgeschäft des
Täters wirksam gebunden wird, der Täter dabei jedoch die
ihm im Innenverhältnis gesetzten Grenzen überschreitet.

Es handelt sich somit um eine im Außenverhältnis wirk-
same Verletzung der im Innenverhältnis gezogenen
Schranken. Im Zivilrecht werden diese Fälle unter dem
Stichwort **„Missbrauch der Vertretungsmacht"** behan-
delt. Auch hier kann es also durchaus erforderlich sein, zu
prüfen, ob nach den zivilrechtlichen Regeln eine Bindung
des Opfers eintritt oder nicht. Regelmäßig ist dies der Fall.
Ausnahmen bilden jedoch die Fälle der Evidenz und der
Kollusion. Diese müssen also bekannt sein.

Beispiel 2: Prokurist P bedarf nach einer Weisung seiner Firma für den
Abschluss von Geschäften über 30.000 Euro der Zustimmung des Ge-
schäftsführers. P bestellt bei B dennoch Waren im Wert von mehr als
40.000 Euro. Missbrauch gemäß § 266 I 1. Alt.?

Lösung: Aufgrund der §§ 49, 50 HGB entfaltet die *interne* Beschränk-
ung keinerlei Außenwirkungen. Somit wird die Firma des P gebunden,
obwohl dieser seine Befugnisse im Innenverhältnis überschreitet. Soweit die weiteren Voraussetzungen gegeben sind, ist damit § 266 I 1.
Alt. (Missbrauch) erfüllt.

Dagegen scheidet die 1. Alt aus, wenn es um Fälle der Vertretung ohne Vertretungsmacht oder aber um gutgläubigen Erwerb geht.

Beispiel 3: B hat sich ein Faxgerät bei D gemietet. Als F Interesse an dem Gerät zeigt, verkauft und übereignet B das Gerät. Missbrauch gemäß § 266 I?

Lösung: Soweit F gutgläubig ist, erwirbt dieser gemäß §§ 929, 932 BGB Eigentum. § 935 BGB steht dem aufgrund der Miete nicht entgegen (kein Abhandenkommen). Dennoch erfüllt B nicht § 266 I 1. Alt. Es fehlt gerade an der *Befugnis, über das Vermögen des D zu verfügen* (auch die 2. Alt ist wohl nicht erfüllt, es fehlt an der Vermögensbetreuungspflicht, s.u.).

II. Vermögensbetreuungspflicht

Auch der **Missbrauchstatbestand** setzt voraus, dass dem Täter eine Vermögensbetreuungspflicht bezüglich des Vermögens des Opfers obliegt. In diesem Bereich ist vieles umstritten. Regelmäßig wird im Rahmen des § 266 hier der Schwerpunkt der Klausur liegen.

Eine **Vermögensbetreuungspflicht** wird dabei angenommen, wenn die betreffende Person
- die Geschäftsbesorgung für einen anderen
- in einer nicht ganz unbedeutenden Angelegenheit
- mit einem Aufgabenkreis von einigem Gewicht
- und einem gewissen Grad von Verantwortlichkeit
übernimmt (vgl. BGHSt 13, 315).

Dabei muss die Pflicht eine **Hauptpflicht** des Pflichtigen sein. Sie muss somit wesentlicher Teil des Treueverhältnisses sein. Ungenügend sind also **Nebenpflichten**. Es wird hier bereits deutlich, dass die genannte Definition im konkreten Einzelfall nicht unbedingt weiterhilft. Merken sollte man sich aber folgendes: Allein Vertragsverletzungen, die die allgemeine Pflicht betreffen, sich ordnungsgemäß zu verhalten und den anderen nicht zu schädigen, genügen *nicht* für die Annahme einer solchen Pflicht.

Regelmäßig scheidet § 266 daher im Rahmen von reinen Kauf-, Werk- und Dienstverträgen aus.

Beispiel 4: Vermieter V verwaltet die Mietkautionen auf einem Konto. Als er in Geldnot gerät, nutzt er das Geld, um damit einen Teil seiner Schulden zu bezahlen. Besteht eine Vermögensbetreuungspflicht?

Lösung: Es ist hier umstritten, ob die erforderliche Pflicht vorliegt. Dies wird man aber im Ergebnis wohl bejahen müssen. Es liegt ein treuhänderisches Verhältnis vor, so dass eine entsprechende Fürsorge(haupt)-pflicht gegeben ist.

Beispiel 5: Wie Beispiel 4, diesmal verwaltet der Anwalt A Geld seines Mandanten auf einem dafür eingerichteten Anderkonto. Besteht eine Vermögensbetreuungspflicht?

Lösung: Bei einem Anwalt, der Mandantengelder verwaltet, besteht zweifelsfrei eine Vermögensbetreuungspflicht.

Beispiel 6: F erhielt von G Waren unter Eigentumsvorbehalt. Er sollte diese weiterverkaufen und den Erlös an G abgeben. F verbrauchte das Geld anderweitig. Besteht eine Vermögensbetreuungspflicht?

Lösung: Hier fehlt es an einer Vermögensbetreuungspflicht als *Hauptpflicht*. Sicherlich obliegt es dem F aufgrund des Vertrages, den G nicht zu schädigen. Diese vertragliche *Nebenpflicht* genügt allein jedoch nicht. § 266 ist damit nicht gegeben.

Hinweis: Im Rahmen einer Klausur gilt es, hier eigene Argumentation einzubringen und zu überlegen, welchen beiden Extremfällen (bloße Vertragsverletzung oder aber Schädigung durch einen Vermögensverwalter) der zu behandelnde Fall näher steht. Zu berücksichtigen ist dabei insbesondere auch das Maß an *Eigenverantwortlichkeit* des Betroffenen. Ist die Tätigkeit bis in alle Einzelheiten vorgezeichnet und besteht daher keinerlei eigener Spielraum, fehlt es an einer Betreuungspflicht.

Klausurrelevant sind auch die sogenannten Kassierer-Fälle. Hier wird davon ausgegangen, dass etwa alleinverantwortliche Bankkassierer eine entsprechende Vermögensbetreuungspflicht innehaben. Umstrittener sind die Fälle der alleinverantwortlichen Kassiererin in *Selbstbedienungsläden*. Hier kann man durchaus an der erforderlichen Eigenverantwortlichkeit zweifeln und § 266 damit ablehnen. Zu denken ist aber an Diebstahl (Problem: Gewahrsamsbruch?) und subsidiär an § 246 I, II.

III. Vermögensschaden

Beim Opfer muss ein **Vermögensschaden** eintreten. Dieser Schadensbegriff entspricht dem des § 263. Insoweit sei hier auf die Ausführungen dort verwiesen.

Beispiel 7: Anwalt A nutzt Gelder auf einem Anderkonto für eigene Zwecke. Er hält jedoch andere Gelder bereit und ist auch willig, diese jederzeit zur Ersetzung des „Schadens" einzusetzen. Liegt § 266 vor?

Lösung: Hier käme ein Vermögensschaden im Sinne einer schadensgleichen Vermögens*gefährdung* in Betracht. Aufgrund der Ersatzfähigkeit und der Ersatzwilligkeit des A wird ein solcher Schaden jedoch im Ergebnis abgelehnt. § 266 scheidet somit aus.

IV. Subjektiver Tatbestand

Hier gelten keinerlei Besonderheiten. Der Vorsatz muss somit alle Merkmale des objektiven Tatbestandes umfassen. § 266 verlangt insbesondere keinerlei Bereicherungsvorsatz.

C. Der Treuebruchstatbestand

Der **subsidiäre Treuebruchstatbestand** setzt die Verletzung einer Vermögensbetreuungspflicht voraus, die zu einem Vermögensschaden des Opfers führt. Bezüglich der Vermögensbetreuungspflicht kann hierbei auf die Ausführungen im Rahmen des Missbrauchstatbestandes verwiesen werden.

Diese Pflicht kann dabei sowohl durch rechtsgeschäftliches wie auch durch *tatsächliches* Handeln verletzt werden (anders der Missbrauchstatbestand: hier muss *rechtsgeschäftliches Handeln* vorliegen!). Eine solche Pflichtverletzung kommt dabei auch durch *Unterlassen* in Betracht. Dabei ist auf § 13 nicht einzugehen, da die Vermögensbetreuungspflicht bereits die erforderliche Garantenstellung umfasst.

Beispiel 8: Filialleiter F des Supermarkts beobachtet, wie der LKW-Fahrer L Waren in seinen LKW lädt und damit verschwinden will. F bleibt untätig. Hier verwirklicht F den § 266 I 2. Alt. Als Filialleiter trifft ihn eine Vermögensbetreuungspflicht bzgl. des Supermarktes. Durch sein Unterlassen verletzt er diese.

D. Verhältnis zur Unterschlagung, § 246 II

Bezüglich § 246 II gilt folgendes: regelmäßig wird die Untreue eigennützig begangen. In diesem Fall sollte § 246 II daher als *mitbestrafte Nachtat* zurücktreten.

Prüfungsschema: Die Untreue, § 266

I. **Objektiver Tatbestand**
    1. Missbrauchstatbestand
        a) Befugnis über fremdes Vermögen zu verfügen
        b) Missbrauch dieser Befugnis
        c) Vermögensbetreuungspflicht
        d) Vermögensschaden
    2. Treuebruchtatbestand
        a) Vermögensbetreuungspflicht
        b) Verletzung dieser Pflicht
        c) Vermögensschaden
II. **Subjektiver Tatbestand: Vorsatz**
III. **Rechtswidrigkeit und Schuld**
IV. **Ggf. Strafantrag nach § 266 II, 247, 248a**

Hinweis: Hier sind aus Zweckmäßigkeitserwägungen beide Tatbestände in einem Aufbauschema zusammengefasst.

▶ **Literatur zu dieser Lektion**
📖 Braum, **JuS** 2004, 225 (Fall)
📖 Rönnau/Hohn, **JuS** 2003, 998 (Fall)
📖 Eisele/Freudenberg, **Jura** 2005, 204 (Hausarbeit)
📖 Seier/Justenhoven, **JuS** 2010, 795 (Fall)
📖 Murmann, **Jura** 2010, 561 (Untreue und Risikogeschäfte)

Lektion 14: Die Hehlerei, § 259

A. Einordnung

Die Hehlerei setzt eine vorherige rechtswidrige Tat voraus. Allerdings muss diese eine gegen fremdes Vermögen gerichtete Tat gewesen sein. Die Hehlerei ist somit ein *Vermögensdelikt*. Nach der **Perpetuierungstheorie** liegt der Unrechtsgehalt dabei in der *Aufrechterhaltung* der durch die Vortat geschaffenen, rechtswidrigen Vermögenslage. Stets erforderlich ist bei den einzelnen Tathandlungen des § 259 ein einvernehmliches Zusammenwirken mit dem jeweiligen Vortäter.

B. Objektiver Tatbestand

Der objektive Tatbestand verlangt das Vorliegen einer rechtswidrigen Vortat *eines anderen,* aus der dieser eine Sache erlangt hat, die der Hehler durch eine der folgenden Handlungen „hehlt": Ankaufen, Sich oder einem Dritten Verschaffen, Absetzen oder Absetzen helfen.

B. Objektiver Tatbestand

> **I. Sache**
> **II. Aus Vortat „eines anderen" erlangt**
> **III. Tathandlung: Ankaufen, Sich oder einem Dritten Verschaffen, Absetzen o. Absetzen helfen**

I. Sache

Tatobjekt der Hehlerei können nur *Sachen* sein. Es gilt das zu § 242 Gesagte entsprechend.

II. Aus Vortat erlangt

1. Vortat

Die Sache muss der Vortäter *gestohlen* oder sonst durch eine *gegen fremdes Vermögen gerichtete Tat* erlangt haben. Als Vortaten tauglich sind somit regelmäßig nur Vermögensdelikte einschließlich einer vorangegangenen Hehlerei ("**Kettenhehlerei**").

Beispiel 1: D verkauft dem eingeweihten Z eine gestohlene Taschenuhr (Vortat ist § 242; § 259 ist bei Z erfüllt). Z verschenkt die Uhr an seine eingeweihte Freundin F (Vortat ist § 259; § 259 ist bei F erfüllt).

Anerkannt ist jedoch, dass auch andere Vortaten, die an sich keine Vermögensdelikte sind, taugliche Vortaten iSd § 259 sein können, sofern sie ausnahmsweise zu einer rechtswidrigen Vermögenslage führen.

Beispiel 2: G geht fälschlicherweise davon aus, dass er einen Anspruch gegen T auf Zahlung von 400 Euro hat. Er geht zu ihm und droht ihm Prügel an, falls dieser nicht sofort zahlt. T zahlt. Das Geld schenkt G zu großen Teilen seiner eingeweihten Frau. Ist § 259 erfüllt?

Lösung: Hier scheitert eine Bestrafung des G aus §§ 253, 255 (der eine taugliche Vortat wäre) an dem fehlenden Vorsatz bezüglich der Rechtswidrigkeit der erstrebten Bereicherung. G geht ja davon aus, dass er einen Anspruch gegen T hat. Es bleibt somit lediglich bei § 240 (Nötigung). Diese stellt eigentlich kein Vermögensdelikt dar. Da sie jedoch ausnahmsweise dennoch zu einer rechtswidrigen Vermögenslage führt, wird § 240 in diesem Fall als für § 259 genügende Vortat angesehen. Die Frau des G begeht somit eine Hehlerei.

Umstritten ist im Rahmen des § 259 das zeitliche Verhältnis von Vortat zur anschließenden Hehlerei. Regelmäßig fallen Hehlerei und Vortat zeitlich deutlich auseinander.

Beispiel 3: F stiehlt ein Auto. Am nächsten Tag verkauft er es an den bösgläubigen U. Hier liegt die Vortat (Diebstahl) zeitlich vor dem Verkauf des Wagens an U.

Probleme bereiten jedoch die Fälle, in denen Vortat und Hehlerei zeitlich zusammenfallen. Zwischen der Vollendung der Vortat und dem Sichverschaffen muss nämlich stets eine zeitliche Zäsur liegen. Rechtsprechung und Literatur berufen sich dabei insbesondere auf den Wortlaut des § 259 („erlangt hat"). Im Übrigen weise auch der Normzweck des § 259 in diese Richtung. Von der Aufrechterhaltung (Perpetuierung) einer rechtswidrigen Besitzlage könne eben nur dort die Rede sein, wo auch zunächst eine solche bestanden habe.

Beispiel 4: H sagt zu seiner Frau, sie könne sich aus dem Laden seines Chefs eine Sache aussuchen. Diese schenke er ihr. § 259 bei F?

Lösung: Hier verwirklicht H § 266 I (genauer Treuebruchtatbestand, da ihm eine Befugnis zum Verschenken sicher nicht eingeräumt ist). Die ebenfalls verwirklichte Unterschlagung tritt bei ihm subsidiär zurück. Vollendet ist dieses Delikt erst, als die F sich eine Sache ausgesucht hat. Erst dann tritt durch den Besitzverlust ein Schaden iSd § 266 ein und erst jetzt manifestiert sich der Drittzueignungswille des H bzgl. der ausgesuchten Sache. Bzgl. der F gilt daher Folgendes: Sie hat sich unstreitig gemäß § 266 I 2. Alt., 27, 28 I (bei ihr fehlt die Vermögensbetreuungspflicht) und §§ 246, 25 II strafbar gemacht. Fraglich ist jedoch, ob auch eine Hehlerei durch „Sichverschaffen" vorliegt. Zwischen der Vollendung der Vortat und der Hehlerei liegt keinerlei zeitliche Zäsur. Sowohl die Rechtsprechung als auch die hL in der Literatur verlangen jedoch eine solche Zeitspanne. Damit verwirklicht F keine Hehlerei.

Interessant sind in diesem Bereich die sogenannten **„Tankstellenfälle"**:

Beispiel 5: Der Tankwart T betankt „kostenlos" den Wagen seiner eingeweihten Freundin F. Ist § 259 erfüllt?

Lösung: Hier wird eine Hehlereihandlung der F bejaht: Die Unterschlagung des Benzins durch T (§ 246) sei spätestens mit dem Einlaufen in den Schlauch des Zapfgeräts bereits vollendet. Das Sichverschaffen durch die F liege dagegen erst im Einlaufen in den Tank ihres PKW. Es liegt somit eine gewisse zeitliche Zäsur vor (nur einige Sekunden oder gar nur Bruchteile), die aber für die Bejahung des § 259 ausreichend sei (hier kann man durchaus anderer Auffassung sein).

Es muss sich um die **Vortat eines anderen** handeln. Damit scheiden der Täter und eventuelle Mittäter der Vortat als Hehler bzgl. der hier erlangten Sachen aus. Anstifter und Gehilfen jedoch sind taugliche Täter des § 259.

Dies gilt selbst dann, wenn der Teilnehmer bereits bei der Teilnahmehandlung auf die Beute abzielt. Umstritten sind die Fälle, in denen der Vortäter die gehehlte Sache selbst erneut erwirbt.

Beispiel 6: D hat eine Sache bei G gestohlen. Er verkauft sie an H. Nach etwa einem Monat kauft D sie dem H wieder ab. Ist § 259 erfüllt?

Lösung: In solchen Konstellationen wird zum Teil vertreten, dass es beim Rückerwerb durch den Vortäter an einer erneuten Rechtsgutsverletzung fehle. Zumindest müsse die Hehlerei als mitbestrafte Nachtat hinter § 242 zurücktreten. Indes wird man sagen müssen, dass der Vortäter in solchen Fällen die Hehlereikette verlängert und damit die Zurückerlangung durch den wahren Eigentümer erschwert. Damit wäre Realkonkurrenz wohl einleuchtender. In einer Klausur kann aber sicherlich beides vertreten werden.

2. Erlangt

Die Sache muss **unmittelbar aus der Vortat stammen** (körperliche Identität). Ersatzsachen, die der Täter sich mit Hilfe der erlangten Sache verschafft, genügen hingegen nicht. Denn die *Ersatzhehlerei* ist nicht von § 259 erfasst.

Sollte die Ersatzsache jedoch wiederum durch eine Straftat erlangt worden sein, sind diese „Vorteile" durchaus der Hehlerei zugänglich. In einer Klausur gilt es daher, genau zu arbeiten und herauszustellen, welche konkreten Vorteile aus welcher konkreten Tat betrachtet werden.

Beispiel 7: G hat einen Ring und ein Buch gestohlen. Er tauscht den Ring beim unwissenden Juwelier J gegen eine Halskette ein und schenkt Kette und Buch seiner eingeweihten Freundin F. Ist § 259 erfüllt?

Lösung: Hier hat G das Buch aus dem Diebstahl erlangt. Insoweit begeht die F unzweifelhaft eine Hehlerei. Bezüglich der Kette kommt der Diebstahl als Vortat aber nicht in Betracht, da nicht die Kette, sondern der Ring gestohlen wurde. Jedoch hat G die Kette aus einem Betrug (§ 263) gegenüber J erlangt. Denn G hat J über sein Eigentum am Ring getäuscht. J konnte daran wegen § 935 I BGB auch kein Eigentum erwerben, so dass ihm auch ein Vermögensschaden entstanden ist. Dieser Betrug des G an J stellt eine taugliche Vortat dar. Auch bezüglich der Kette liegt seitens der F somit § 259 vor.

III. Tathandlungen

§ 259 unterscheidet insgesamt vier Tathandlungen: ankaufen, sich oder einem Dritten verschaffen, absetzen oder absetzen helfen. Bei allen Tatmodalitäten ist dabei erforderlich, dass Vortäter und Täter einvernehmlich zusammenwirken. Das Ankaufen stellt dabei einen Unterfall des Sichverschaffens dar.

1. Sich oder einem Dritten verschaffen

Ein **Sichverschaffen** ist gegeben, wenn der Täter im einvernehmlichen Zusammenwirken mit dem Vortäter die *selbständige* Verfügungsgewalt zu eigenen Zwecken erwirbt.

Der Hehler muss also in die Lage gebracht werden, unabhängig vom Vortäter über die Sache zu verfügen. Damit entfällt eine Hehlerei, wenn der Täter die Sache lediglich leiht, mietet oder an sich nimmt, um sie zu vernichten.

Beispiel 8: A hat sich durch einen Diebstahl Drogen verschafft. G weiß das und konsumiert die Drogen gemeinsam mit A. Ist § 259 erfüllt?

Lösung: Hier scheidet Hehlerei aus. Der bloße Mitkonsum verschafft dem G nicht die Macht, über die Sache eigenständig zu verfügen.

Für die Drittverschaffung gilt das hier Gesagte entsprechend. Demgemäß muss der Täter dafür sorgen, dass dem Dritten die *selbständige Verfügungsmacht* zukommt.

2. Absetzen und absetzen helfen

Absetzen ist die im Interesse des Vortäters und mit seinem Einverständnis erfolgende, selbständige wirtschaftliche Verwertung der Sache durch entgeltliche Veräußerung an Dritte.

Beispiel 9: A verkauft einen von D gestohlenen Ring.

Absatzhilfe dagegen meint das unselbständige, weisungsabhängige Unterstützen des Vortäters in dessen wirtschaftlichem Interesse bei dessen Absatzbemühungen.

Beispiel 10: A sucht nach einem Interessenten für einen von D gestohlenen PKW, stellt gefälschte Fahrzeugpapiere her und führt die Kaufpreisverhandlungen für D.

Die Absatzhilfe stellt somit eine Art **kodifizierte Beihilfe** dar. Ihre Aufnahme in den Tatbestand des § 259 war nötig, da der Vortäter beim „Absetzen" der von ihm gestohlenen Sache ja selbst tatbestandslos handelt. Das liegt daran, dass man sich nach dem Gesetzeswortlaut des § 259 selbst nur strafbar macht, wenn „ein anderer" die Vortat begangen hat. Der Vortäter ist aber nicht „ein anderer". Demnach fehlt es bezüglich demjenigen, der dem Vortäter Hilfe leistet, an einer für die Beihilfe (§ 27) notwendigen vorsätzlichen, rechtswidrigen Haupttat.

Beispiel 11: A stiehlt ein Auto und verkauft es an den unwissenden B. Beim Verkauf hilft der X dem A. Hier ist eine Beihilfe (§ 27) des X zu § 259 nicht möglich, da A als Vortäter durch den Verkauf des PKW den § 259 nicht verwirklichen konnte. Es fehlt daher an einer vorsätzlichen, rechtswidrigen Haupttat des A. Gegeben ist bei X also „Absatzhilfe" nach § 259. Etwas anderes gilt nur bezüglich § 246 und nur dann, wenn man den Verkauf als eine erneute Zueignung des Vortäters A iSd § 246 ansieht (vgl. Lektion 4, C. IV.). Dann wäre eine Beihilfe zu § 246 denkbar.

Wird jedoch *einem anderen als dem Vortäter* Hilfe bei dessen Absatzbemühungen geleistet, liegt keine Absatzhilfe, sondern Beihilfe zu dessen Hehlerei vor, §§ 259, 27 I.

Beispiel 12: A stiehlt ein Auto. B verkauft den Wagen an den unwissenden C. Dabei wird B von dem X unterstützt. Hier begeht X eine Beihilfe zu der Hehlerei des B. Die dafür erforderliche vorsätzliche, rechtswidrige Haupttat liegt vor: Der B verwirklicht vorsätzlich und rechtswidrig den § 259 in Form des „Absetzens".

Höchst umstritten ist, ob die beiden Tathandlungen „Absetzen" und „Absatzhilfe" einen **Absatzerfolg** (dazu Jahn, JuS 2013, 1044 ff.) voraussetzen:

1. Eine Ansicht verneint das Erfordernis eines Absatzerfolges und lässt die bloße Tätigkeit als solche bereits für eine Vollendung des § 259 genügen.
2. Eine andere Ansicht verlangt demgegenüber eben einen solchen Absatzerfolg. Ohne einen Absatzerfolg liege lediglich ein *Versuch* der Hehlerei vor, der gemäß § 259 III auch mit Strafe bedroht ist (siehe *Berz*, Jura 1980, 64).

Beispiel 13: Kunsthändler K will ein Bild, das der D gestohlen hat, verkaufen. K schaltet daraufhin eine Anzeige in einem bekannten Kunstfachblatt. Es meldet sich am nächsten Tag jedoch kein Kaufinteressent, sondern die Polizei. Ist § 259 erfüllt?

Lösung: Hier sollte K das Bild selbständig im wirtschaftlichen Interesse des D mit dessen Einverständnis verwerten und damit absetzen. Indes mangelt es an einem *Absatzerfolg*. Die zweite Ansicht käme daher lediglich zu einem Versuch des § 259 I wobei das unmittelbare Ansetzen iSd § 22 spätestens mit der Veröffentlichung des Inserats erfüllt wäre. Anders jedoch die erste Meinung. Sie käme zu einer Bestrafung wegen vollendeter Hehlerei des K.

Für die zweite Ansicht spricht insbesondere, dass sie besser mit dem Schutzzweck des § 259 zu vereinbaren ist. Nach der *Perpetuierungstheorie* ist es gerade das wesentliche Element der Hehlerei, dass die Sache in die Hand eines anderen geführt wird.

Für die erste Meinung sprechen sicherlich kriminalpolitische Aspekte, da so möglichst viele Absatzbemühungen strafrechtlich erfasst werden können. Sie führt jedoch auch zu schwierigen Abgrenzungsproblemen. Insbesondere ist es kaum noch möglich, zwischen einem Versuch des Absetzens und dessen Vollendung zu differenzieren. Nach dieser Ansicht fallen diese quasi immer zusammen.

In einer Klausur sollte man daher mit dem Rechtsgut des § 259 (und eventuell auch dem allgemeinen Sprachverständnis) argumentieren und so der zweiten Meinung folgen. Ohne *Absatzerfolg* sollte daher lediglich ein *Versuch* des Absetzens angenommen werden.

C. Subjektiver Tatbestand

Der subjektive Tatbestand verlangt Vorsatz sowie die Absicht, sich oder einen Dritten zu bereichern.

I. Vorsatz

Der Täter muss Vorsatz in Bezug auf die Vortat und das einvernehmliche Zusammenwirken mit dem Täter haben.

II. Bereicherungsabsicht

Der Täter muss **Bereicherungsabsicht** besitzen. Diese Bereicherungsabsicht entspricht im Wesentlichen derjenigen im Rahmen des § 263. Es muss dem Täter somit auf irgendeinen geldwerten *Vorteil* ankommen, der jedoch anders als im Rahmen des § 263 *nicht stoffgleich* zu sein braucht. Wer eine Sache allerdings zum *regulären Marktpreis* erwirbt, begeht keine Hehlerei: Es fehlt an der Bereicherungsabsicht. Problematisch ist, ob im Rahmen der Drittbereicherungsabsicht auch der *Vortäter* als Begünstigter in Betracht kommt.

Beispiel 14: Dieb D will ein von ihm gestohlenes Auto verkaufen. Dies gelingt ihm jedoch zunächst nicht. F rät ihm daraufhin, es doch einmal bei G zu probieren. G kauft das Auto tatsächlich. Dabei wollte F lediglich den D bereichern. Ist Bereicherungsabsicht bei F gegeben?

Lösung: Den objektiven Tatbestand des § 259 hat F hier durchaus in Form der *Absatzhilfe* erfüllt. Indes fehlt es nach h.L. am subjektiven Tatbestand: F wollte lediglich den Vortäter D bereichern. Dieser scheidet jedoch nach überwiegender Ansicht als „Dritter" iSd § 259 aus. Dies folge bereits aus dem Wortlaut des § 259 I, der den Vortäter als „anderen" und nicht als Dritten bezeichne. Im Übrigen habe die Hehlerei ihren Grund nicht nur in der Perpetuierung einer rechtswidrigen Vermögenslage, sondern auch in dem erweiterten Bereicherungsstreben Dritter, also gerade nicht des Vortäters. Desweiteren seien solche Fälle eher von § 257 (Begünstigung) erfasst. Folgt man dieser Ansicht, hat F also nicht gehandelt, um „einen Dritten" zu bereichern. Bereicherungsabsicht entfällt demnach bei F.

D. Qualifikationen

Die §§ 260, 260a (lesen!) enthalten *Qualifikationen* der Hehlerei. Zur Bande s.o. bei § 244.

Gewerbsmäßig handelt, wer sich durch wiederholte Tatbegehung eine fortlaufende Einnahmequelle von einigem Umfang und gewisser Dauer verschaffen will. Im Übrigen ist im Rahmen einer Klausur auch an die sinngemäße Anwendung der §§ 247, 248a zu denken (vgl. § 259 II).

E. Weitere Delikte

Im Rahmen einer Klausur, die § 259 zum Gegenstand hat, dürfen folgende, oft ebenfalls verwirklichte Tatbestände nicht übersehen werden: Betrug (§ 263), Begünstigung und Strafvereitelung (§§ 257, 258, vgl. dazu Skript BT 2) sowie Geldwäsche (§ 261, lesen!).

Prüfungsschema: Die Hehlerei, § 259

I.   **Objektiver Tatbestand**
1.   Tatobjekt
a)   Sache
b)   Von einem anderen gestohlen oder durch eine gegen fremdes Vermögen gerichtete, rechtswidrige Vortat erlangt
2.   Tathandlung
a)   Ankaufen
b)   Sich oder einem Dritten verschaffen
c)   Absetzen
d)   Absetzen helfen
II.   **Subjektiver Tatbestand**
1.   Vorsatz
2.   Bereicherungsabsicht
III.   **Rechtswidrigkeit und Schuld**
IV.   **Antragserfordernisse, § 259 II iVm §§ 247, 248a**

▶ **Literatur zu dieser Lektion**

📖 Zöller/Frohn, **Jura** 1999, 378 (Grundfälle)
📖 Otto, **Jura** 2005, 100 (Grundfälle)
📖 Schwabe/Zitzen, **JA** 2005, 193 (Aufsatz)
📖 Börner, **Jura** 2003, 855 (Fall)
📖 Koch/Exner, **JuS** 2007, 40 (Fall)
📖 Mitsch, **JuS** 2012, 911 (Fall)
📖 Kaspar, **JuS** 2012, 628 (Fall)
📖 Drenkhahn, **Jura** 2011, 63 (Fall)

132

Lektion 15: Die Sachbeschädigung, § 303

A. Einordnung

§ 303 schützt das **Eigentum**. Strafbar ist jedoch lediglich die *vorsätzliche* (also nicht die fahrlässige!) Sachbeschädigung, wobei auch an das **Antragserfordernis** des § 303c zu denken ist.

Die Sachbeschädigung wird in einer Klausur wohl eher selten den Schwerpunkt bilden. Häufig wird sie hinter andere verwirklichte Straftaten zurücktreten (so etwa im Rahmen des § 243 I Nr. 1) oder aber nur eine untergeordnete Rolle spielen. Dennoch sollte man sich mit bestimmten Problemfällen befasst haben, denn auch diese können in einer Klausur abgefragt werden, wobei erwartet wird, dass sie beherrscht werden.

B. Objektiver Tatbestand

Der objektive Tatbestand verlangt das Zerstören oder Beschädigen einer fremden Sache.

B. Objektiver Tatbestand

> **I. Fremde Sache**
> **II. Zerstören oder**
> **III. Beschädigen: Substanzverletzung oder Brauchbarkeitsminderung**

I. Fremde Sache

Der Begriff der fremden Sache entspricht dem des § 242. Erfasst ist jedoch im Rahmen des § 303 auch die *unbewegliche* Sache. Der Wert der Sache spielt im Hinblick auf den Eigentumsschutz keine Rolle.

II. Zerstören

Eine **Zerstörung** der Sache liegt vor, wenn sie durch körperliche Einwirkung ihre bestimmungsmäßige Brauchbarkeit völlig verliert.

Beispiel 1: Verbrennen, Zertrümmern der Sache, Töten eines Tieres etc.

Hinweis: Steht in einer Klausur eine Zerstörung fest, genügt es, allein auf diese einzugehen. Die ebenfalls verwirklichte Beschädigung braucht dann nicht erwähnt zu werden.

III. Beschädigen

Wesentlich problematischer als die Fälle der Zerstörung sind die der Beschädigung.

Unter einer **Beschädigung** ist jede nicht ganz unerhebliche körperliche Einwirkung zu verstehen, die entweder zu einer Substanzverletzung oder aber einer Brauchbarkeitsminderung führt.

1. Substanzverletzungen

Substanzverletzungen liegen vor, wenn die Sache in ihrer Substanz beeinträchtigt wird. Beispiele sind etwa: Verkratzen, Herausreißen von Seiten aus Büchern etc. Problematisch sind die sogenannten „**Sprüher-Fälle**":

Beispiel 2: A besprüht die Hauswand des J mit Farbe. Sachbeschädigung?

Lösung: In solchen Fällen wird eine Substanzverletzung bejaht, wenn die Reinigung zu einer Substanzverletzung führen muss, also die Hauswand dadurch in Mitleidenschaft gezogen wird. Lässt sich die aufgesprühte Farbe dagegen problemlos beseitigen, liegt trotz des Kostenaufwands im Ergebnis jedenfalls keine Substanzverletzung vor.

Beispiel 3: Sind Bahnwaggons etwa mit einer speziellen Folie versehen, die es ermöglicht, auch Lackfarbe ohne Rückstände zu entfernen, so fehlt es ebenfalls an einer Substanzverletzung.

Beispiel 4: An einer Substanzverletzung fehlt es auch, wenn aus einem Auto- oder Fahrradreifen die Luft abgelassen wird. In Betracht kommt in solchen Fällen jedoch eine Sachbeschädigung durch Minderung der Brauchbarkeit (s.u.).

2. Brauchbarkeitsminderungen

Das wohl größte Problem im Rahmen des § 303 stellt die erhebliche Brauchbarkeitsminderung dar. Solche Brauchbarkeitsminderungen sind etwa das Zerlegen einer Maschine, Lösen von Schrauben und ähnliches. Stets ist Voraussetzung jedoch, dass die Minderung die Erheblichkeitsschwelle erreicht. Unerheblich sind dabei solche Minderungen, die ohne großen Aufwand und Mühe wieder behoben werden können.

Beispiel 5: F lässt die Luft aus den *Fahrradreifen* des G. Brauchbarkeitsminderung?

Beispiel 6: F lässt die Luft aus den *Autoreifen* des G. Brauchbarkeitsminderung?

Lösung: In **Beispiel 5 und 6** ist fraglich, ob es durch die körperliche Einwirkung zu einer erheblichen Brauchbarkeitsminderung kommt. Ist eine Luftpumpe griffbereit, wird man im **Beispiel 5** den § 303 sicher verneinen müssen. Gleiches gilt im **Beispiel 6**, wenn eine Tankstelle in unmittelbarer Nähe vorhanden ist. Ist dies jedoch nicht der Fall, kommt § 303 durchaus in Betracht. Hier gilt es in einer Klausur, eigenständig zu argumentieren. Vertretbar ist regelmäßig beides.

Problematisch sind auch hier die Plakat- und Sprüher-Fälle. Durch die Einführung des § 303 II im Jahre 2005 sind jedoch einige Problemfälle weggefallen.

Beispiel 7: D beklebt die Hauswand des G mit Plakaten. Brauchbarkeitsminderung?

Beispiel 8: G überklebt das Kunstwerk des H mit Folie. Brauchbarkeitsminderung?

Beispiel 9: J überklebt das Vorfahrtsschild mit schwarzer Folie. Brauchbarkeitsminderung?

Beispiel 10: K besprüht einen Verteilerkasten der Telekom mit Farbe, die sich ohne Rückstände entfernen lässt. Brauchbarkeitsminderung?

Lösung: In allen diesen Fällen muss im Rahmen einer Klausur zunächst festgestellt werden, dass es an einer *Substanzverletzung* jeweils fehlt, sofern alle Überklebungen und Besprühungen sich ohne Rückstände entfernen lassen. In Betracht kommt dann nur noch eine Sachbeschädigung vor dem Hintergrund einer erheblichen Minderung der bestimmungsmäßigen Brauchbarkeit. Die Behandlung dieser Fälle ist dabei umstritten.

Im **Beispiel 9** liegt die bestimmungsgemäße Brauchbarkeit des Verkehrsschildes gerade darin, anzuzeigen wer Vorfahrt hat. Durch das Überkleben der Folie wird diese eigentliche Gebrauchsfunktion erheblich beeinträchtigt, so dass in solchen Fällen § 303 bejaht wird. Dies gilt auch nach der Einführung des § 303 II, der in diesen Fällen hinter § 303 I subsidiär zurücktritt.

Ähnlich wird auch im **Beispiel 8** argumentiert. Hier liege die Gebrauchsbestimmung des Kunstwerks gerade in einer spezifisch ästhetischen Zwecksetzung, weshalb § 303 bejaht werden müsse. Ziel des Kunstwerks sei es ja gerade, durch die äußere Erscheinung zu wirken. Auch hier tritt § 303 II subsidiär zurück.

In den **Beispielen 7** und **10** jedoch wird die eigentliche Brauchbarkeit des Hauses und auch die des Verteilerkastens nicht berührt. Insbesondere der BGH sieht in einer solchen Veränderung der äußeren Erscheinungsform keine Sachbeschädigung. Man könne nicht jede vom Eigentümer beabsichtigte äußere Erscheinung als bestimmungsgemäße Brauchbarkeit ansehen.

In der Literatur wurde dies bis zur Einführung des § 303 II zum Teil anders gesehen. Danach konnte in jeder dem *Gestaltungsrecht des Sachherrn* zuwiderlaufenden erheblichen Veränderung der äußeren Erscheinungsform eine Beeinträchtigung der bestimmungsgemäßen Brauchbarkeit zu sehen sein. Diese Ansicht wurde dabei als *Zustandsveränderungstheorie* bezeichnet. Danach wäre in den genannten Fällen eine Sachbeschädigung durchaus in Betracht gekommen (soweit erheblich). Diese Ansicht warf dem BGH insbesondere vor, den Eigentumsschutz unzulässig zu verkürzen. Im Ergebnis überzeugte diese Kritik jedoch nicht: Die Ansicht des BGH vermied Abgrenzungsschwierigkeiten. Im Übrigen waren die zivilrechtlichen Unterlassungs- und Beseitigungsansprüche (§§ 1004, 823 BGB) ja durchaus gegeben, so dass von einem zu geringen Eigentumsschutz nicht gesprochen werden konnte. Die Ansicht des BGH berücksichtigte vielmehr den Grundsatz, dass das Strafrecht nur als ultima ratio in Betracht kommen darf. Dieser Streit hat sich durch die Einführung des § 303 II erledigt. Diese Formen der Zustandsveränderungen können seitdem nicht mehr unter § 303 I subsumiert werden. Die Zustandsveränderungstheorie kann in einer Klausur oder Hausarbeit also nicht mehr vertreten werden. Zu § 303 II siehe sogleich unter E.

Bekannt sein müssen auch die Fälle der bloßen **Sach- und Nutzungsentziehung**.

Beispiel 11: D öffnet den Vogelkäfig des H und entlässt dessen Amsel in die Freiheit. Ist § 303 gegeben?

Lösung: Hier fehlt es an einer körperlichen Einwirkung auf die Sache, so dass eine Sachbeschädigung ausscheiden muss. Dies gilt jedoch nur, wenn das freigelassene Tier in der freien Wildbahn auch lebensfähig ist. § 303 scheidet auch dort aus, wo der Täter die Sache lediglich versteckt oder unauffindbar z.B. in den Wald wirft. Dies ändert sich freilich dann, wenn die Sache dadurch beschädigt wird, etwa rostet. Eine bloße Nutzungsentziehung ist auch in den Fällen gegeben, in denen der Strom abgestellt wird und dadurch eine Maschine nicht genutzt werden kann.

C. Subjektiver Tatbestand

Erforderlich ist Vorsatz. Es gelten keinerlei Besonderheiten.

D. Antrag

In einer Klausur sollte an das Strafantragserfordernis des § 303c gedacht werden. § 304 enthält *keine* Qualifikation des § 303, da § 304 die Interessen der Allgemeinheit und nicht das Eigentum schützt.

E. Die neue Regelung des § 303 II

Wie nach § 303 I wird seit dem Jahre 2005 bestraft, wer unbefugt das Erscheinungsbild einer fremden Sache nicht nur unerheblich und nicht nur vorübergehend verändert.

Durch diese Neuregelung sollten die Fälle strafrechtlich erfasst werden können, bei denen die Rechtsprechung eine Strafbarkeit nach § 303 I aufgrund der fehlenden Brauchbarkeitsminderung stets abgelehnt hatte (etwa wildes Plakatieren; vgl. Beispiele 7 und 10).

§ 303 II ist dabei ausweislich der Gesetzesbegründung subsidiär zu § 303 I. In einer Klausur ist demnach zunächst zu prüfen, ob das Verhalten nicht ausnahmsweise bereits unter § 303 I fällt (Beispiele 2, 8 und 9). Erst wenn dies nicht der Fall ist, ist auf § 303 II einzugehen.

Erforderlich ist nach § 303 II zunächst eine erhebliche Veränderung des Erscheinungsbildes. **Unerheblich** sind Einwirkungen dann, wenn sie ohne besonderen Aufwand an Zeit, Kosten und Mühe wieder beseitigt werden können.

Beispiel 12: Im Rahmen einer Demonstration wird an einer Häuserfassade ein Spruchband mit einem Seil befestigt. Da dieses Spruchband durch einfaches Zerschneiden des Seils beseitigt werden kann, ist von einer unerheblichen Beeinträchtigung auszugehen.

艦Zudem darf die Veränderung nicht nur vorübergehend
Zudem darf die Veränderung nicht nur vorübergehend sein. **Vorübergehend** ist eine Einwirkung dann, wenn sie regelmäßig innerhalb kurzer Zeit von selbst vergeht. Kreideaufzeichnungen sind daher regelmäßig als nur vorübergehend und daher nicht als strafbar anzusehen. Etwas anderes kann jedoch dann gelten, wenn die Aufzeichnungen wettergeschützt angebracht sind (etwa in einer Unterführung). Wie die Beispiele zeigen, ist hier stets auf die Besonderheiten des Einzelfalls abzustellen.

Hinsichtlich der sonstigen Prüfungspunkte gelten keine Besonderheiten.

Prüfungsschema: Die Sachbeschädigung, § 303

I.	**Objektiver Tatbestand**
	1. Fremde Sache
	2. Zerstören oder
	3. Beschädigen
	• Substanzverletzung
	• Brauchbarkeitsminderung
	• Subsidiär: erhebliche und nicht nur vorübergehende Veränderung des Erscheinungsbildes (§ 303 II)
II.	**Subjektiver Tatbestand: Vorsatz**
III.	**Rechtswidrigkeit und Schuld**
IV.	**Antragserfordernis, § 303c**

Hinweis: In einer Klausur sollte stets mit dem „Zerstören" angefangen werden. Kommt dieses nicht in Betracht, ist anschließend die Substanzverletzung zu prüfen, um erst dann ggf. auf die Frage einer erheblichen Brauchbarkeitsminderung einzugehen. Zuletzt ist subsidiär der Frage der erheblichen und nicht nur vorübergehenden Veränderung des Erscheinungsbildes nachzugehen.

▸ Literatur zu dieser Lektion

📖 Bülte/Becker, **Jura** 2012, 319 (Fall)
📖 Eisele, **JA** 2000, 101 (Fallbesprechung)
📖 Ensenbach, **Jura** 2011, 787 (Fall)
📖 Fahl, **Jura** 2005, 273 (Fall)
📖 Hertel, **Jura** 2011, 390 (Fall)
📖 Wallau, **JA** 2000, 248 (Aufsatz)